書名：邵夫子先天神數（一）

作者：題【宋】邵雍

系列：心一堂術數珍本古籍叢刊　星命類　神數類

主編、責任編輯：陳劍聰

心一堂術數珍本古籍叢刊編校小組：陳劍聰　素聞　梁松盛　鄒偉才　虛白盧主

出版：心一堂有限公司

地址/門市：香港九龍尖沙咀東麼地道六十三號好時中心LG 六十一室

電話號碼：+852-6715-0840

網址：www.sunyata.cc

電郵：sunyatabook@gmail.com

網上書店：http://book.sunyata.cc

網上論壇：http://bbs.sunyata.cc/

版次：二零一三年九月初版

平裝：二冊不分售

定價：
港幣　六百八十元正
人民幣　六百八十元正
新台幣　一千九百八十元正

國際書號：ISBN 978-988-8266-02-9

香港及海外發行：香港聯合書刊物流有限公司

地址：香港新界大埔汀麗路三十六號中華商務印刷大廈三樓

電話號碼：+852-2150-2100

傳真號碼：+852-2407-3062

電郵：info@suplogistics.com.hk

台灣發行：秀威資訊科技股份有限公司

地址：台灣台北市內湖區瑞光路七十六巷六十五號一樓

電話號碼：+886-2-2796-3638

傳真號碼：+886-2-2796-1377

網路書店：www.bodbooks.com.tw

經銷：易可數位行銷股份有限公司

地址：台灣新北市新店區寶橋路二三五巷六弄三號五樓

電話號碼：+886-2-8911-0825

傳真號碼：+886-2-8911-0801

email：book-info@ecorebooks.com

易可部落格：http://ecorebooks.pixnet.net/blog

中國大陸發行・零售：心一堂書店

深圳地址：中國深圳羅湖立新路六號東門博雅負一層零零八號

電話號碼：+86-755-8222-4934

北京地址：中國北京東城區雍和宮大街四十號

心一店淘寶網：http://sunyatacc.taobao.com

心一堂術數古籍珍本叢刊 總序

術數定義

術數，大概可謂以「推算、推演人（個人、群體、國家等）、事、物、自然現象、時間、空間方位等規律及氣數，並或通過種種「方術」，從而達致趨吉避凶或某種特定目的」之知識體系和方法。

術數類別

我國術數的內容類別，歷代不盡相同，例如《漢書・藝文志》中載，漢代術數有六類：天文、曆譜、無行、蓍龜、雜占、形法。至清代《四庫全書》，術數類則有：數學、占候、相宅相墓、占卜、命書、相書、陰陽五行、雜技術等，其他如《後漢書・方術部》《藝文類聚・方術部》《太平御覽・方術部》等，對於術數的分類，皆有差異。古代多把天文、曆譜、及部份數學均歸入術數類，而民間流行亦視傳統醫學作為術數的一環，此外，有些術數與宗教中的方術亦往往難以分開。現代學界則常將各種術數歸納為五大類別：命、卜、相、醫、山，通稱「五術」。

本叢刊在《四庫全書》的分類基礎上，將術數分為九大類別：占筮、星命、相術、堪輿、選擇、三式、讖緯、理數（陰陽五行）、雜術。而未收天文、曆譜、算術、宗教方術、醫學。

術數思想與發展─從術到學，乃至合道

我國術數是由上古的占星、卜蓍、形法等術發展下來的。其中卜蓍之術，是歷經夏商周三代而通過「龜卜、蓍筮」得出卜（卦）辭的一種預測（吉凶成敗）術，之後歸納並結集成書，此即現傳之《易經》。經過春秋戰國至秦漢之際，受到當時諸子百家的影響、儒家的推祟，遂有《易傳》等的出現，原本是卜蓍術書的《易經》，被提升及解讀成有包涵「天地之道（理）」之學。因此，《易・繫辭傳》曰：「易與天地準，故能彌綸天地之道。」

漢代以後，易學中的陰陽學說，與五行、九宮、干支、氣運、災變、律曆、卦氣、讖緯、天人感應說等相結

合，形成易學中象數系統。而其他原與《易經》本來沒有關係的術數，如占星、形法、選擇，亦漸漸以易理（象數學說）為依歸。《四庫全書·易類小序》云：「術數之興，多在秦漢以後。要其旨，不出乎陰陽五行，生尅制化。實皆《易》之支派，傅以雜說耳。」至此，術數可謂已由「術」發展成「學」。

及至宋代，術數理論與理學中的河圖洛書、太極圖、邵雍先天之學及皇極經世等學說給合，通過術數以演繹理學中「天地中有一太極，萬物中各有一太極」（《朱子語類》）的思想。術數理論不單已發展至十分成熟，而且也從其學理中衍生一些新的方法或理論，如《梅花易數》、《河洛理數》等。

在傳統上，術數功能往往不止於僅僅作為趨吉避凶的方術，及「能彌綸天地之道」的學問，亦有其「修心養性」的功能，「與道合一」（修道）的內涵。《素問·上古天真論》：「上古之人，其知道者，法於陰陽，和於術數。」數之意義，不單是外在的算數、歷數、氣數，而是與理學中同等的「道」、「理」—心性的功能，北宋理氣家邵雍對此多有發揮：「聖人之心，是亦數也」、「萬化萬事生乎心」、「心為太極」。《觀物外篇》：「先天之學，心法也。……蓋天地萬物之理，盡在其中矣，心一而不分，則能應萬物。」反過來說，宋代的術數理論，受到當時理學、佛道及宋易影響，認為心性本質上是等同天地之太極。天地萬物氣數規律，能通過內觀自心而有所感知，即是內心也已具備有術數的推演及預測、感知能力；相傳是邵雍所創之《梅花易數》，便是在這樣的背景下誕生。

術數與宗教、修道

《易·文言傳》已有「積善之家，必有餘慶；積不善之家，必有餘殃」之說，至漢代流行的災變說及讖緯說，我國數千年來都認為天災，異常天象（自然現象），皆與一國或一地的施政者失德有關；下至家族、個人之盛衰，也都與一族一人之德行修養有關。因此，我國術數中除了吉凶盛衰理數之外，人心的德行修養，也是趨吉避凶的一個關鍵因素。

在這種思想之下，我國術數不單只是附屬於巫術或宗教行為的方術，又往往已是一種宗教的修煉手段—通過術數，以知陰陽，乃至合陰陽（道）。「其知道者，法於陰陽，和於術數。」例如，「奇門遁甲」術

中，即分為「術奇門」與「法奇門」兩大類。「法奇門」中有大量道教中符籙、手印、存想、內煉的內容，是道教內丹外法的一種重要外法修煉體系。 甚至在雷法一系的修煉上，亦大量應用了術數內容。此外，相術、堪輿術中也有修煉望氣色的方法；堪輿家除了選擇陰陽宅之吉凶外，也有道教中選擇適合修道環境（法、財、侶、地中的地）的方法，以至通過堪輿術觀察天地山川陰陽之氣，亦成為領悟陰陽金丹大道的一途。

易學體系以外的術數與的少數民族的術數

我國術數中，也有不用或不全用易理作為其理論依據的，如楊雄的《太玄》、司馬光的《潛虛》。也有一些占卜法、雜術不屬於《易經》系統，不過對後世影響較少而已。

外來宗教及少數民族中也有不少雖受漢文化影響（如陰陽、五行、二十八宿等學說）但仍自成系統的術數，如古代的西夏、突厥、吐魯番等占卜及星占術，藏族中有多種藏傳佛教占卜術、苯教占卜術、擇吉術、推命術、相術等；北方少數民族有薩滿教占卜術；不少少數民族如水族、白族、布朗族、佤族、彝族、苗族等，皆有占雞（卦）草卜、雞蛋卜等術，納西族的占星術、占卜術，彝族畢摩的推命術、占卜術…等等，都是屬於《易經》體系以外的術數。相對上，外國傳入的術數以及其理論，對我國術數影響更大。

曆法、推步術與外來術數的影響

我國的術數與曆法的關係非常緊密。 早期的術數中，很多是利用星宿或星宿組合的位置（如某星在某州或某宮某度）付予某種吉凶意義，并據之以推演，例如歲星（木星）、月將（某月太陽所躔之宮次）等。不過，由於不同的古代曆法推步的誤差及歲差的問題，若干年後，其術數所用之星辰的位置，已與真實星辰的位置不一樣了； 此如歲星（木星），早期的曆法及術數以十二年為一周期（以應地支），與木星真實周期十一點八六年，每幾十年便錯一宮。 後來術家又設一「太歲」的假想星體來解決，是歲星運行的相反，週期亦剛好是十二年。 而術數中的神煞，很多即是根據太歲的位置而定。 又如六壬術中的「月將」，原是立春節氣後太陽躔娵訾之次而稱作「登明亥將」，至宋代，因歲差的關係，要到雨水節氣後太陽才躔

娵訾之次，當時沈括提出了修正，但明清時六壬術中「月將」仍然沿用宋代沈括修正的起法沒有再修正。

由於以真實星象周期的推步術是非常繁複，而且古代星象推步術本身亦有不少誤差，大多數術數除依曆書保留了太陽（節氣）、太陰（月相）的簡單宮次計算外，漸漸形成根據干支、日月等的各自起例，以起出其他具有不同含義的眾多假想星象及神煞系統。唐宋以後，我國絕大部份術數都主要沿用這一系統，也出現了不少完全脫離真實星象的術數，如《子平術》《紫微斗數》《鐵版神數》等。後來就連一些利用真實星辰位置的術數，如《七政四餘術》及選擇法中的《天星選擇》，也已與假想星象及神煞混合而使用了。

隨着古代外國曆（推步）、術數的傳入，如唐代傳入的印度曆法及術數，元代傳入的回回曆等，其中我國占星術便吸收了印度占星術中羅睺星、計都星等而形成四餘星，又通過阿拉伯占星術而吸收了其中來自希臘、巴比倫占星術的黃道十二宮、四元素學說（地、水、火、風），並與我國傳統的二十八宿、五行說、神煞系統並存而形成《七政四餘術》。此外，一些術數中的北斗星名，不用我國傳統的星名：如天樞、天璇、天璣、天權、玉衡、開陽、搖光，而是使用來自印度梵文所譯的：貪狼、巨門、祿存、文曲、廉貞、武曲、破軍等，此明顯是受到唐代從印度傳入的曆法及占星術所影響。如星命術的《紫微斗數》及堪輿術的《撼龍經》等文獻中，其星皆用印度譯名。及至清初《時憲曆》，置潤之法則改用西法「定氣」。清代以後的術數，又作過不少的調整。

術數在古代社會及外國的影響

術數在古代社會中一直扮演着一個非常重要的角色，影響層面不單只是某一階層、某一職業、某一年齡的人，而是上自帝王，下至普通百姓，從出生到死亡，不論是生活上的小事如洗髮、出行等，大事如建房、入伙、出兵等，從個人、家族以至國家，從天文、氣象、地理到人事、軍事，從民俗、學術到宗教，都離不開術數的應用。我國古代的政府的中欽天監（司天監），除了負責天文、曆法、輿地之外，亦精通其他如星占、選擇、堪輿等術數，除在皇室人員及朝庭中應用外，也定期頒行日書、修定術數，使民間對於天文、日曆用事

吉凶及使用其他術數時，有所依從。

在古代，我國的漢族術數，甚至影響遍及西夏、突厥、吐蕃、阿拉伯、印度、東南亞諸國、朝鮮、日本、越南等地，其中朝鮮、日本、越南等國，一至到了民國時期，仍然沿用着我國的多種術數。

術數研究

術數在我國古代社會雖然影響深遠，「是傳統中國理念中的一門科學，從傳統的陰陽、五行、九宮、八卦、河圖、洛書等觀念作大自然的研究。……傳統中國的天文學、數學、煉丹術等，要到上世紀中葉始受世界學者肯定。可是，術數還未受到應得的注意。術數在傳統中國科技史、思想史，文化史，社會史，甚至軍事史都有一定的影響。……更進一步了解術數，我們將更能了解中國歷史的全貌。」(何丙郁《術數、天文與醫學 中國科技史的新視野》香港城市大學中國文化中心。)

可是術數至今一直不受正統學界所重視，加上術家藏秘自珍，又揚言天機不可洩漏，「(術數)乃吾國科學與哲學融貫而成一種學說，數千年來傳衍嬗變，或隱或現，全賴一二有心人為之繼續維繫，賴以不絕，其中確有學術上研究之價值，非徒癡人說夢，荒誕不經之謂也。其所以至今不能在科學中成立一種地位者，實有數困。蓋古代士大夫階級目醫卜星相為九流之學，多恥道之；而發明諸大師又故為惝恍迷離之辭，以待後人探索，間有一二賢者有所發明，亦秘莫如深，既恐洩天地之秘，複恐譏為旁門左道，始終不肯公開研究，成立一有系統說明之書籍，貽之後世。故居今日而欲研究此種學術，實一極困難之事。」(民國徐樂吾《子平真詮評註》，方重審序)

現存的術數古籍，除極少數是唐、宋、元的版本外，絕大多數是明、清兩代的版本。其內容也主要是明、清兩代流行的術數，唐宋以前的術數及其書籍，大部份均已失傳，只能從史料記載、出土文獻、敦煌遺書中稍窺一鱗半爪。

術數版本

坊間術數古籍版本，大多是晚清書坊之翻刻本及民國書賈之重排本，其中豕亥魚魯，或而任意增刪，往往文意全非，以至不能卒讀。現今不論是術數愛好者，還是民俗、史學、社會、文化、版本等學術研究者，要想得一常見術數書籍的善本、原版，已經非常困難，更遑論稿本、鈔本、孤本。在文獻不足及缺乏善本的情況下，要想對術數的源流、理法、及其影響，作全面深入的研究，幾不可能。

有見及此，本叢刊編校小組經多年努力及多方協助，在中國、韓國、日本等地區搜羅了一九四九年以前漢文為主的術數類善本、珍本、鈔本、孤本、稿本、批校本等千餘種，精選出其中最佳版本，以最新數碼技術清理、修復版面，更正明顯的錯訛，部份善本更以原色精印，務求更勝原本，以饗讀者。不過，限於編校小組的水平，版本選擇及考證、文字修正、提要內容等方面，恐有疏漏及舛誤之處，懇請方家不吝指正。

心一堂術數古籍珍本叢刊編校小組

二零零九年七月

《邵夫子先天神數》提要

《邵夫子先天神數》，原三函十八冊，題【宋】邵雍撰。舊鈔本。綫裝。未刊稿。盧白盧藏本。

邵雍（一零一一——一零七七），生於北宋真宗四年，卒於北宋神宗十年。字堯夫，又稱安樂先生、百源先生，謚康節。河北范陽（今河北省涿州市）人，後隨父移居共城，晚年隱居在洛陽。後世稱邵康節，為北宋理學家，精易學。《宋史‧邵雍傳》云：「始為學，即堅苦自勵，寒不爐，暑不扇，夜不就席者數年。」「遠而古今世變，微而走飛草木之性情」，「智慮絕人，遇事能前知」。宋代名儒如司馬光、程頤、程顥、張載等皆嘗從遊。著有《皇極經世》、《伊川擊壤集》、《觀物內外篇》、《漁樵問對》等。其中《皇極經世》以先天易數，用元、會、運、世推演天地變化、古今興衰和朝代更替之法，對後世易學、術數影響甚為巨大。民間流傳的術數中，《梅花易數》、《鐵板神數》、《邵夫子先天神數》、《皇極數》（《八刻分經定數》、《邵子數》、《蠢子數》等（以上各種神數，輯入心一堂術數珍本古籍叢刊），均相傳皆為邵雍所發明。

《邵夫子先天神數》，又稱《邵子數》、《邵子神數》、《先天神數》等。歷來皆無刊本，只在此道叢術家中代代相傳，極為穩秘。此術與明代《皇極數》（輯入心一堂術數珍本古籍叢刊，經已出版），又稱《八刻分經定數》（虛白盧另藏《八刻分經定數》鈔本，心一堂術數珍本古籍叢刊即將整理出版）、清代十四卷本《鐵板神數》（輯入心一堂術數珍本古籍叢刊，經已出版）相似，其法與子平、紫微斗數等推命術不同，術家不單以人的出生之年、月、日、時推算，尚需問命者提供部份六親之生肖存亡等資料，以供術家「考刻（分）」（一時中再分刻（分））。術家推命後的批章，往往因為被推算者的六親之生肖存亡等奇準，而被稱之為「神數」。今人多統稱之為「神數」。

明《永樂大典》中載有《皇極數》三卷，據《四庫全書總目提要》中所載：「不著撰人名氏。其說

以八卦之數推人禍福吉凶。占子孫一條有云：此祖宗後代之數，先天不傳之秘。司馬溫公得之於康節，康節子伯溫又得之於司馬公，從而流傳。今得之者幾希，予不得已而傳之云云。牽及邵子，猶數學之慣技。牽及司馬光，妄益甚矣。」

《四庫全書》輯宋祝泌撰《觀物篇解》五卷附《皇極經世解起數訣》一卷之提要云：「陶宗儀《輟耕錄》載泌精皇極數，其甥傳立傳其術，為元世祖占卜，尚能前知，則亦小道之可觀者。蓋其學雖宗康節，而亦自別有所得。故其例頗與《經世書》不符，而其推占亦往往著驗。方技之家，各挾一術，邵子不必盡用邵子，無庸以異同疑也。二書世所鈔傳，間有譌脫，諸本竝同，無從訂正，今亦姑仍之云。」可知宋代祝泌亦精「皇極數」。可是，祝氏之「皇極數」乃是推算國運之術，并非推占人命之術。故此，凡推命術而名《皇極數》者，當是明代以後偽託邵雍《皇極經世》之名而已。

明代小說《水滸傳》已載有《皇極先天神數》之推命術。（《水滸傳》第六十回：「吳用答道：『小生姓張，名用，自號談天口。祖貫山東人氏，能算皇極先天數，知人生死貴賤。卦金白銀一兩，方纔算命。』」）

明代袁了凡（一五三三—一六零六）所撰《了凡四訓》（《訓子文》）中云：

「余童年喪父，老母命棄舉業學醫，謂：『可以養生、可以濟人，且習一藝以成名，爾父夙心也。』

後余在慈雲寺，遇一老者，修髯偉貌，飄飄若仙。余敬禮之，語余曰：『子仕路中人也。明年即進學，何不讀書？』余告以故，並叩老者姓氏里居。曰：『吾姓孔，雲南人也。得邵子皇極數正傳，數該傳汝。』余引之歸，告母。母曰：『善待之。』試其數，纖悉皆驗。

余遂起讀書之念，謀之表兄沈稱，言：『郁海谷先生在沈友夫家開館，我送汝寄學甚便。』余遂禮郁為師。孔為余起數：『縣考童生當十四名，府考七十一名，提學考第九名。』明年赴考，三處名數皆

合。復為卜終身休咎，言：『某年考第幾名，某年當補廩，某年當貢。貢後某年當選四川一大尹，在任

三年半，即宜告歸。五十三歲八月十四日丑時，當終於正寢，惜無子。』余備錄而謹記之。

自此以後，凡遇考校，其名數先後，皆不出孔公所懸定者。獨算余食廩米九十一石五斗當出貢，及

食米七十餘石，屠宗師即批准補貢，余竊疑之。後果為署印楊公所駁。直至丁卯年，殷秋溟宗師見余場

中備卷，歎曰：『五策即五篇奏議也，豈可使博洽淹貫之儒，老於窗下乎？』遂依縣申文准貢，連前食

米計之，實九十一石五斗也。余因此益信進退有命、遲速有時，澹然無求矣。」

由此可見，《皇極數》在明代已然流行，而且以「纖悉皆驗」聞名。考民間流傳之《邵夫子先天神

數》、《蠢子數》、《鐵板神數》、《先天(神)數》等，多相類似，也多宗邵雍為撰者。

至清中葉，術家可能把《皇極數》溶合了當時民間術數(鐵板數)及其他(神)數，出現了十四卷

本《鐵板神數》之內容：更改了刻分、條文排序、序數、取數法等，成為今天流行的(鐵板神數)。而

其中同屬《皇極數》系統的神數，如《邵夫子先天神數》、《邵子數》、《蠢子數》等，清代中葉後已

多式微，漸由(鐵板神數)所取代，只有極少數保存在民間。

明代之《皇極數》、《八刻分經定數》等，是在年、月、日、時基礎上，以「時分八刻」、一日

(晝夜)分百刻的基礎上去考刻。而清代之十四卷本《鐵板神數》(本書)卻是「每一時須推八刻、每

一刻又推十五分。」本書《邵夫子先天神數》仍是「一時(分)八刻」(坎部，正一刻六分，夏春條：

「一時八刻不一段，有貧有富有做官。」然而，與《皇極數》不同，《邵夫子先天神數》中，刻外已

有分若干分。虛白廬藏《邵夫子先天神數》本，雖是約鈔於清末，但其內容仍是沿用明代《大統

內容：如《邵夫子先天神數》艮部，初初刻二分，色皎條：「閏新正月初九日，知君此日是生辰。」

艮部，初初刻二分，要浮條：「……內閏臘月二十九，父母生君見元亨。」中國自漢代至明代《大統

曆》，是沿用平氣注曆，會出現閏正月或閏十二月的年份。在清代順治二年(一六四五)改用《時憲

曆），改用定氣注曆，基本上是沒有可能有出現閏正月或閏十二月的年份。在《邵夫子先天神數》見到有閏正月、閏十二月的條文，可證內容是沿自明代。虛白廬尚藏《邵子數》、《邵子神數》、《先天神數》、《蠢子數》多種（部份輯入心一堂術數珍本古籍叢刊，即將整理出版），內容又與本書不盡相同。《邵子神數》傳鈔本多配易卦，條文亦以數序排列，分十二冊（地支：子……亥）。本書則以八卦（乾、坎、艮、震、巽、離、坤、兌）、五行（金、木、水、火、土）、五方（東、南、西、北、中）分成十八冊，條文以刻分及二字隱語排列，斷語七言四句，是《邵子（神）數》系統中一個非常稀有的版本。心一堂術數珍本古籍叢刊本《皇極數》條文內容多用典故、詩詞，用語亦較風雅，文化水平較高。而《邵夫子先天神數》中文詞則俚俗易懂，兩者相差也大。

中國的推命術，如星學（七政四餘）、子平學、紫微斗數、河洛理數等，其原理、起例、推算法則等皆已公開，無甚秘密。唯各種「神數」（如《皇極數》、《鐵板神數》等），其原理、起例、推算法則一直未有公開，或云「神數」非推命之學，實是「射覆」之術，待考。一直以來，以「神數」為業之術家，對「神數」的原理、起例、推算法則甚為保密。心一堂術數珍本古籍叢刊已先後出版了《皇極數》（附起數法）及最早刻本（清中葉）的十四卷本《鐵板神數》（附秘鈔察碼表），若讀者能將本書與以上二書及心一堂術數珍本古籍叢刊即將整理出版的其他「神數」古籍對讀研究，當對「神數」之原理、起例、推算法則等當有會心。

為令此稀見刻本及鈔本不致湮沒，特以最新數碼技術清理、修復版面精印，以供參考研究及收藏。

心一堂術數珍本古籍叢刊編輯小組
二零一三年六月

邵夫子先天神數　乾部

安　進　承　夫　誰
習　來　所　相　與

神數定你前生辰　父母屬蛇主亨通

忠直一心行孝道　自然衣祿足豐盈

先天之中已算定　夫郎必是屬鼠人

天相家室和且樂　前世數定與偕同

你身合主有帶破　時刻算就定不錯

其命定誃双耳昏　人言不語聽不妥

月德相臨在命宮　陰陽推算主元亨

定你生在瞘月內　初四之日是生辰

流年十三主清閑　青春快樂福自臻

往前行雲漸漸好　合主榮耀祿滿門

神心　揮背　亦跡　燕兒　其以

定你行年六十一　此年生降一子吉

終朝常有不足心　晚立一子出世俗

向你丈夫何相配　酉雞生人斯為貴

一世榮華主有福　前世先姊婚姻會

髮親難保百年安　椿萱堂中福不全

父命屬狗壽年有　刑剋母親歸西天

欲知夫卻年多少　定大三十五歲高

娟燃燕兒無駁襍　相守同衾得堅勞

數中定你何時生　臘月二十八日榮

知你乃是閏月降　一祿必主大豐盈

東坐　伐月　月星　碧耀　吹唱

人生禀命天地间　先弟四人共一天

父母生你居苐四　三兄爭刑不一般

青松桂柄几年休　堂上母親卧土坦

父是屬鷄春常在　一生撫育福不同

昔日配就姻緣全　夫卿必小三十三

雖然年甲不相等　姻緣合是天配然

數定妻宫小八年　算來定小四十三

妻宫相守方有福　前生配就是姻緣

八字定就官星旺　合主二品錦衣郎

跕立大路金階上　安穩貴美作都堂

青浮　資康　安昌　芳魂　同吉

運行若逢生旺地　　官位進遷至縣丞

正真愛民如赤子　　數中不虧做官人

八字合數前生定　　父親必是屬豬人

母親屬蛇相配就　　青山依舊水東流

數中姊妹有八行　　四立合主定兩雙

內中小時有災難　　至大成人主安康

問你夫郎是何相　　數定必主屬蛇人

夫婦如魚歡似水　　不刑不尅不受貧

數中命照皆前定　　配就成雙在人間

夫郎必主有帶破　　青記瘡疤面上宣

皮麻　北来　赤箕　深汝　何侵

數中定你昆仲多　同父同母親兄弟

兄弟七個你居四　日后富貴自芳菲

先天之中定的真　姊妹二人一母所

合主一佃先死去　孤身獨自立家門

命中前定結緣羅　夫是屬牛喜安樂

相府同偕百年好　前生數定算無錯

父是屬馬算的真　方知屬蛇是母親

命運喜逢晚年好　才祿增加胍別人

數定姊妹有多少　前世相生定的真

造就共是有幾个　姊妹原來是二人

采風　赴南　明合　事語　百里

采風
四邊鴻雁望天涯〔居其四〕
兄弟八个真可誇
也有起屋改舊家

赴南
数算此命何日成〔也〕
知你必是閏月生
初十生末喜氣也

明合
前数定就臘月內
進喜謀作運可通
流年四十好求才

事語
此歲合主大安太
貴人提拔喜自生
数定御史出京華
公廉幹作遍海涯

百里
萬民兒尊君能解
皇閤姓名又有加
百里咸風人人敬
爵封定做知縣名
法政笞杖細問罪
做官清正主公平

主丁　月滿　喜嗣　易成　天容

八字前生己定就　其夫主就屬狗生

相有相守如珠玉　夫妻百年老無窮

父是屬狗命己定　母親必是屬蛇人

吾家人口平安樂　門戶悅来慶豐盈

八字時刻定的真　姊妹原来是三人

總然多有不相守　前生定就在今春

姊妹原来十一個　天生就定皆長久

數算原来是一母　此理世上真罕有

問你夫卽是何相　配就屬虎是姻緣

皆因前世婚姻注　推算可以會神天

丈王

朔風凛〻透九天　瑞雪黄風滿山川
生辰臘月二十二　閏月生末自長安

尽礼

五行先定父母宫　南山松栢長〻青
父親屬猴高堂坐　尅去母親守寒冬

吕儀

失天定命無可更　天边红雁出奇星
兄弟九人你居四　几枝旺相几枝荣

知夜

数中先論父母宫　青松翠竹百年荣
父命屬羊長不表　主尅母親泪汪〻

誰能

属猴方是生身父　定知屬蛇是母親
一生本祿無欠缺　山青水青竹青〻

雲軒　鈔宝　是卜　金香　鮮色

父母生你幾個人　姊妹五个一母生

將來長大成人后　母父有始恐不終

八字乃為前生定　必立明倫老先生

蓬至自有吉星照　日后升遷燃衣荣

數定父是屬鼠命　母走屬蛇密自成

生身喜逢才旺地　家道平安悅興隆

兒女原來知多少　姊妹七個定主成

年火端於人人美　内有帶破主家荣

八字前生姻緣定　父定屬兔結成婚

兩人相守如賓客　倉庫未麥積陳～

泪眼

八字前生陽德少　其人必主有眼疾

流淚赤紅爲帶破　好是烟爺染漿的

行至流年合天理　二十七歲主清吉

債緒

流年方至十七歲　才祿重逢人自興

后日交運漸々好　門迁迤貴家甚主

引綉

更逢祿馬身榮貴　公幹私謀立亨通

要妻定要此你小　妻小三十九歲好

嗟呼

前生天理定配就　若大同庚主奕燊

数定何日星辰照　推算可以如通神

微凡

向你必定閏臘月　十六生人克母親

新之

生辰原是閏十一月　初四日生喜家逢

若有吉星未相照　后日桂子旺門庭

八字乃為前生定　陰陽推算果然真

志已

生辰原是閏十月　二十二日是你生

松栢青々耐歲寒　雙親難得兩相安

父命屬兔春常在　尅去母親早歸天

先天算你父屬羊　母親屬蛇家道康

一心出入行孝道　後代衣禄必榮昌

粟米

姊妹生未有幾個　大小共是十個人

疾瘵

飛仙

有貧有富有工拙　貴賤不等一母分

連馬

數定六十六歲上　算來生得一個即

前生姻緣竟已定　日後有福有餘香

冨公

五行主定在命宮　堂上双親犯孤刑

父親屬龍春不老　母親先主赴幽冥

致祭

虎父乃為前生定　方知屬蛇是母親

前世數中已算就　若是時真命也真

角奇

數定姊妹十八個　原來定主一母親

此事看末世間少　神數定就汝命真

象儀

配就夫宮是何相　算來必是屬馬人

主定合成夫婦對　鴛鴦戲水一齊臻

整道　酒佐　吹良　風威　单木

数定侍卽在京華　公庭幹作崔海涯

朝中事務君能議　皇闹姓名天下誇

父親必是屬牛命　才知蛇相是妖親

青山綠水依然在　堂知楊柳又逢春

八字生末福箕多　父母二人主安樂

姊妹原末有多少　箕末五个共相和

福禄乃是前生定　夫主必定屬龍人

数中前已配定就　人口安康喜重〻

八字推末前生定　先天主定一世灾

雖然算你眼帶破　方可偕和安百年

初刻夯

新色

冲雲

丘馮

文佳

後懷

運行流年主平安　所謀件〻事自成

今年方交十六歲　早有福星未相連
先天數中非偶然　鴻雁行中有宿緣

兄弟五人你居四　三兄一弟命由天
命演先天父母宮　五行禀命失和平
父是屬馬定有壽　尅去母親已歸冥

數定屬鵝是你父　方知蛇相是母親
此命推未前生定　筭是由命不由人

姻緣前世分已定　此命世上誠罕有
父母生身共多火　姊妹一十二个人

立嘉　　其善　　其及　　應成　　両高

馮

馬相父親春常在　思想母親悶悶陶～

受此飢寒無人問　定是幼年有此遭

前生幾日生身体　必然十一月潤中

推未父母生產你　正是二十二日生

生你定闰十一月　二十八日主安寧

父母此時降你体　却是冬月汝命生

運行流年二十二　此歲推未大亨通

進財体喜件～好　此年小運亦嶸峥（下、上）

五行四柱命安排　雙親長短命中該

父是屬蛇春常在　刑尅母親赴幽冥

為合　丁壬　乙庚　謹志　擒銀

配合姻緣前生定　夫郎屬羊算得良

數定一生無有尅　如此壽命得延長

五行先定父母宮　南山松柏長〻在

父親屬猴高堂坐　慈心福祿自天來

先天定就午可更　過此必為宰相形

兄弟九人你居四　文武鎮末有聲名

五行禀命數最奇　父親屬鼠在高堂

陰星失令先尅母　主你母子兩自分

先天陰陽定五行　鳴雁行中數定知

兄弟六人身居四　衣祿隨身各自榮

心志

數定屬兔是你父　方知屬蛇是母親

命運前生已得就　後日財足有餘臻

福徑

陰陽數中先配合　夫主必是屬猪身

別宮必主不為吉　前定由命不由人

腕根

數中定月令你宮　吉星解救不成凶

目下存心須忍耐　八九臘月財自生

公之

命定乃是前生定　陰陽推算定然真

你母原是閏十月　二十八日是生辰

之親

朔風凜凜透新春　數中定你閏月生

重重有個十一月　初十生人數不更

歲之　丙辛　皮麻　檠橫　合德

八字乃是前生定　此時星辰在命宮

生你閏個十一月　十六生人數無更

丙与辛合顯官星　轟～烈～鎮過庭

職掌兵權坐中堂

先天定命數最良　兄弟七人慶天祥

不在內閣為卿相　各人興家各人忙

前生主定你居四　青松桂柏各相宜

堂上雙親壽不齊

父親屬豬顏不老　尅去母親淚濕妻

自古人生水東流　父親亦是定屬牛

慈母禀命先死去　母死父在福不周

功期　　達心　　皇寧　　腐余　　心儀

富貴各自命已定　　問你姊妹有幾个　　屬龍是你生身父　　數中前緣已定就　　命運六十七歲弦　　福祿如意吉慶祥

世上九个此主稀　　九人相處不相同　　蛇相恰然是母親　　數定莫作等閒看　　此年數定生一子　　八字一定不用忙

　　　　　　　　　　如此合成一家人　　後日定主榮子孫　　你命該坐收倉官

　　　　　　　　　　天然前生已定就　　夫人二十八个春　　數定俸祿何處取

　　　　　　　　　　　　　　　　婚礼一主喜重～　　日後必然成大器

紅　南　呂　體　耿
鴛　極　牧　疋　窻

數合八卦定流年　　正五九月事不妥

六月七月安然過　　做事十月臘月令

八字定合婚姻簿　　夫主定是屬猴

宜家歡樂又宜室　　數定至老少憂愁

數定雙親在命宮　　父是屬虎寅年生

孝此松柏長不老　　母親早已赴幽冥

四柱前緣分已定　　兄弟定就是二人

初年合該同家慶　　榮枯各自立其身

試看兄弟有幾個　　貴星臨命吉星多

兄弟一定是三人　　富貴長短各自知

尖
舰

数定鴻滙空中叫　飛来亦自共相同
混沌不知有多少　同胞共是七个卽

周
継

神数算你兄弟多　荣枯兄弟各立功
数中再看姻緣簿　此刻妻宫要斟酌

翘
赶

数中算你姻緣簿　定就妻宫有刑傷
若是不尅金水好　子是火土崗月卽

央
規

姻緣前世早已定　誰信夫妻有刑傷
佳人相配水火命　金水兄卽不久長

公
佳

手是乃為前生定　生成各自立家門
兄弟数見有多少　同胞相生五第兄

樅更　　仁勇　　務切　　造少　　杆盖

夫妻相配百年會　誰知一日有刑傷

不尅必是金水相　子宮合立火土郎

數定尤弟有幾位　一母相生是六人

幼年合該全一處　富貴榮枯各立身

人生若問姻緣事　和樂相敬更齊眉

金水妻宮相配定　長子土命主尅離

數中尅妻前生定　八子定就堂能逃

不尅除非金水命　火上相是兒是遭（生）

八字前生配姻緣　數定夫妻豈偶然

佳人若是火土命　子宮金水保平安

喪閇

子息天然已定就　若是時真命也真

數算後未有幾个　必是送終三个人

死符

神數有準更無疑　算你將來幾個卻

數中雖有四五個　臨田只有三个忙

官符

男女宮中仔細看　兒卻不知有幾人

命中若有吉星照　三字必然定得真

福神

算你一子定得真　生未秀氣必有因

一家和合相聚會　日後自有福未臨

亦興

雖然身列市井间　却与市人不一班

買賣亦曾多淂利　常懷濟人一世傳

初利生香

西而　东波　尽番　达心　初平

五行四柱先天定　堂上雙親不的全

嚴父不幸又亡去　繼母屬蛇壽百年

八卦數內定得萌　先弟原末三个人

父親屬雞相為吉　方保子孫百年榮

内有一人承繼母　母親原是屬豬人

前生積末有陰的　今世必定有福祿

先天數內定的頭　父母同是屬蛇人

堂上双親合合笑　后代子孫茂家咸

初運平平自天成　毋吉毋凶几度春

要知後末好舟否　除非再交一運中

初刑

童限生來初運低　　刑尅父母兩分音

前生造就該如此　　先天數定難自為

邵夫子先天神数 坎部

数定此造遇文星　患疾病瘵作害人
若逢夏天六月后　君子致荣免灾迍

禄荣

前生親戚难相守　合當离乡皆井遊
合該出行千里外　必做軍官無移走

离乡

注定命中刑有尅　原未后業是前分
夫君合該有帶破　必定色牙不掩層

虎荣

前生姻縁相配合　夫婦皆是屬兔人
鴛鴦一世前生定　后代子孫必定與

晚種

自古鴛鴦不由人　大夫必小四十七
年甲雖然不相同　幸善一家宜家室

美祿

正一刻

安傾　成皆　影神　玄裳　詳前

問你生辰是何日　正月初六是生期

幼年雖然同守祖　以后定是主分離

八字生來天生定　數內知君几日辰

卯年定是閏十月　初六之日其身日

問你夫妻年多火　算來定長三十七

若不如此难相守　此乃天然必定吉

運至行來三十七　所謀幹作尽皆宜

應知才上多豐厚　此年進才添慶吉

今歲流年主吉祥　天喜在內定荣昌

五六七月重重喜　出入通達月更強

命車

八字四柱天生定　君子衣祿晚年臻
命犯千里駙馬星　原來命裡合當軍
八字數定是英雄　扳蟾折桂恐不能

兵驚

問君居官何戒分　五城兵馬身自榮
知你淫小隨母過　豈知年路要出家
清風明月長作伴　木魚經卷作生涯

中途

命犯計都七月生　所謀凡事不能成
陰人患難非小可　家下陰人有災星

計都

數定夫妻就一對　天然匹配兩相宜

金陵

若是別宮難相守　更有災禍病不離

四三利

守損　烟樹　鳳山　安邑　失隆

八字前生无陰德　修來今生不作緣

主定夫君有帶破　雙手十指不週全

前生命配定鴛鴦灰　夫主年長三十八

原來合主妻數高　若是年同不持家

時當二月十八日　閏月必是你的生

命中日時無阻滯　合家喜事有延齡

運行流年三十八　家下貲財日之發

命宮此時逢天印　望喜求才定無差

連年不遂丙戌強　出入順利百事昌

三四十月定有喜　臘月口舌亦無妨

進褥

慌顏

害盡

桃花

誰白

鴛鴦配定當日有　原來夫妻皆屬狗

內助治家必賢良　衣祿食祿常相守

前世姻緣配對時　夫妻年大四十一

雖然不小不相等　一家和氣天然吉

巳酉年中月令宮　乙月三月不安寧

四七十二月中吉　謀作事﹕主亨通

问你生身是几時　原來丑月十二日

若是此年是閏月　一生正好習文礼

原來八字前生定　六月三十是你生

此年若是當閏月　三元數內有進通

賭主　任端　翕運　參周　至宿

流年數定四十七　命裡合住往西東

若是行到吉星慶　不拘大小兩相宜

流年大運至寅申　若與高人必見親

謀望求才多浮利　君官有戚也高升

八字運主多刑尅　必定為人有剛強

命中合該軍前住　如此方得免灾殃

雲间明月主清明　合主財祿足豐盈

寅申巳亥月中看　喜自重：才自生

大運行來到壬戌　君家逢之福自來

出入求謀遇貴友　経商買賣趁心懷

橋山

日翠

坤產

交久

恒太

人生八字前生定　莘來閏月是你生
時偓榴花開玆慶　五月三十是生辰
大運行年三十九　家事豐足常々有
求才望喜大吉利　還要進喜添人口
今歲月令喜逢吉　正三九月主悶悽
四月通達五月利　十月十二騎馬驕
數定今年月令宮　正三五月不安寧
交入四月多通達　八九十月主亨通
算你出征鎗在手　時常掛甲宝彫弓
一生本是當軍漢　在家必定有災生

正初刻累

智詩

命中四柱多成顯　榮華富貴多有聲
官居方伯布政位　運来升迁作公卿

髮字

命談削髮為和尚　一生室门却有因
雖然身在寺院内　却是時地有見孫

体收

命中九日有木星　求才不利有虛驚
雖然不成災與禍　劝君急早去粮星

恩扶

八字前緣以定就　夫妻原来同屬猪
命中若是不如此　君家須防着紫衣

喪肱

命談手揩難舒展誃　原来八字有根苗
主定官人有帶破　一生衣祿有餘饒

陰陽

夫妻本是前生定　原來俱是屬鼠人

吾白

配就姻緣安且吉　兩人終久不生嗔
配的良人身有病　原來鼻凹氣不通

巳詔

此是前緣天造就　有些帶破不安寧
問你原是何日降　二月二十四日生
若是遇着閏月者　以後萬事搦血凶

四德

八字定你生辰日　六月二十四日期
丰姿為体生閏月　自好清閑得遇睛

臨穎

八字流年四十一　私事官幹無不吉
此運逢之十年亨　若是為官必加戰

正月初春

乾界　喜寅　長在　相放　格語

已酉月令細推詳　三五月内忌孝堂

四月通達七八利　十月臘月才自香

大運行來到甲寅　出門常得遇貴人

正是旱苗逢時雨　却如枯木又過春

流年運行到壬子　官幹私謀有終始

此運十年大吉昌　方纔行到興旺地

向君官居何戚位　軍泉鎮撫可榮身

前生注定非容易　后日運至定超舉

威權萬里人皆懼　命該軍中可立身

功名超拔為首將　筭來合當五排中

中荣

運化

傑化

墨必

知平

辰申先合為旗首　　　后來終得錦衣囘

現今雖居人下位　　　運升百戶方顯威

命中八字前生定　　　我分合該做吏人

汎汋典史為提控　　　運至單门可立身

自小生來時辰破　　　自幼童子便出家

朝夕敲罄不住手　　　口念経卷作生涯

此命土星照會来　　　祸患方免二月災

若是過了清明后　　　方免是非口舌來

從末八字前生定　　　推算方能知古今

一对夫妻天配就　　　两相却是属牛人

正初刻六分

色言　竜般　下相　八妹　惠问

我今檢你姻緣簿　其夫語言不分明
結噬帶破前生定　此命以后立成家
卦中定你夫年紀　原來四十三歲高
雖然年用多不对　子孫后代出英豪
你命閨月是生辰　原來三月初六生
妻宫若是逢水命　后代児孫足衣荣
知君生在閨月内　二月初五是生辰
玉景堂前犯者吉　算來不錯半毫分
大運降来食神地　過此十年大吉利
却是沐来同神卦　此歲原來四十二

交十　　数定月令命中排　三四六月喜自來

　　　　秋景一定平〻過　冬三月內趂心怀

癸巳　　流年大運臨丁巳　其人逢之遇喜事

　　　　此運一到十年亨　盈門喜氣従天至

　　　　四月通達七八逆　正三月內不安枕

　　　　乙酉之歲命中亨　二月三月喜來臨

東道　　積來前生陰德厚　今生廣看諸品往

　　　　禪師座下講明星　西方一路好僧行

　　　　人生八字皆前定　君今福祿中婦命

坐午

許午　　虽然軍前為首將　命中揔兵錦衣囬

正初列老

泉白　流年今生八命来　君家改回莫遲移

罷遠　功君莫其陰人涌　卦定三月有是非

酉歲　姐緣配合前生定　兩人屬馬共同衾

虼炉　若还要的是別相　晚年守孤有憂心

頰丑　今歲凶星在命中　四月不遂五不通

往年还忌六九月　十月灾退臘月亨

八字前生已數定　大夫歲長四十春

此皆数内配就的　后代人物漸～與

大運行来到癸丑　家中人物漸～有

逢此一運十年快　十年與旺添人口

康詔

先天數定几時生　　　却是十月二十四

命中合有閏星出　　　此年十年與通吉

神慶

流年行來四十四　　　此歲知君衣祿長

添才順心進人口　　　家中又有積餘糧

罘子

今年月中細推詳　　　三五九月才自美

十一月内逆心忌　　　忌耐為先免是非

延壽

大運行來戊午宮　　　逢此十年萬事亨

出入謀為有吉慶　　　更好求才利息通

奇勇

筹來先為小孩命　　　以后漸漸自高家

家中福祿增才室　　　后運升通喜可誇

正刻刻谷

記刊　妻識　斜鐘　文照　憐指

数定八字失此美　　命在軍中掌兵权

父詞知流山歧水　　筆下竜蛇是雲烟

筭君禅師長老命　　釋教途中可俗人

出家莫貪名利事　　雲遊寄迹四方身

此命金星入命来　　四月之中有災害

臆血疾病有不見　　犹恐官事入门来

人生八字在命宮　　姐緣之事永無憂

夫婦屬猴公一相　　一生衣祿不須愁

姐緣本是前生定　　果然半点不田人

良人一身合帶破　　手中六指過太羊

灵鳳

一生兄弟不同守　各自分离在远方
此外紫衣为贵客　腰间方昧手不停

家師

数中你是清闲客　命在空门住此身
方外师徒如父子　原来二人皆属雞

尧天

问你夫妻姻缘事　终朝渔客接续文
一生相貌如宾客　此理推来有谁知

病体

卦中定你夫有病　一生却是患眼疾
若盈十指中有损　夫妇一生不知谐

鳳輦

前生汪定姻缘事　妻宫小你二十四
男女命中共浮有　恩爱美满过一世

乙初刻九宮

之婦　目照　命也　揮敔

仲春二月十二日　是你父親生你時

若是閏月生降你　父母安得保安康

桃花開放柳色新　三月十三齊母身

若是閏月生身體　免受恓惶一世人

問你何日是生辰　卦中定下可通神

閏八月内初六生　籌來時真命也真

流年正當四十八　遇此命中亨榮華

君家祖祭多吉慶　財源興隆定可誇

寒窗十年通文理　一生徒榮費用力

文才到居指揮位　時乘什迁福祿斋

長途

命中前世不脩福　夫夫年長四十五
姻緣本是天生就　共桃同衾命不孤

耳盲

人生八字前生定　家道與陰才自加
閩月生人多吉慶　知君七月是十八

公心

八字生身犯井地　六月十二是生辰
逢此暗中有傷損　若過閏月福無移

星橋

幸喜正臨財旺地　家下賢才日月增
大運行到四十五　逢着此運大吉昌

吹建

運中巳酉主通達　竜飛相生福身增
五年巳字人豪貴　虎兔竜頭事：誇

癸酉　同前　天花　純嘏　遠超

流年大運臨辛酉　逢此十年般之有

雖然命運洊亨通　也要明灯祭星斗

人生八字前生定　主定生成做旗牌

為君積德陰功孚　老年一定無移改

漫道今年附鹿鳴　須知辰字宴瓊林

一舉成名天下曉　陞官引見在於今

名成之日天下揚　家修庭獻顯荣光

欲知何運為先步　未字之中仔細詳

經商買賣不去做　家內福祿自然共

一世父母难相守　心中只要在軍功

流沙

前生造定夫婦事　原來二人全屬蛇

無崖

姻緣本是前生定　夫夫八十四歲春
魚然年甲不相等　若是無福也難臻
八字四柱天生定　夫婦前定結絲羅

茸攄

良人命中有帶破　却是面上無耳朵
四柱定君閏月生　仲春初六是生辰

辺半

命中自有吉星照　未主金受有皇恩

湏准　　運至流年是神仙　喜事重々兩三番

今年大運四十五　行事處々得人錢

卦中推你生世間　父母年高五十六

果然造化不由人　萬事湊天份咐下

逞迁　　大運行来到丁未　求才幹事多吉利

魂本　　魚然一年平々穩　君家星斗也湏祭

八字皆因前生定　數中早已定先知

二五　　后代眤位有升轉　前生其初是小禛

八守泩來生的破　自小童子去出家

自卯　　合該汉门為和尚　木魚経巻作生涯

過家

貧成

晚音

槐柳

毛辰

八字前生犯兩儀　一生為人安且吉

問你生身何日是　原來七月二十日

君家喜事從天降　此運行來大吉昌

大運今年四十二　家下積的有餘糧

問你本命几時生　父母年交五十二

陰陽推算定不差　先天之類無改耳

大運行來到乙卯　求才浮利正不少

命內定過吉星照　人口興旺添才宝

流年正過到丙辰　花開葉茂漸漸臻

好似旱苗逢甘雨　正如枯木又逢春

晶烈卷

地清

姻緣本是前生修　夫夫年長四十春

君不如此相配合　別相應主不能云

向你生辰是何月　七月初六是生辰

命中犯着甲乙字　右代子孫多榮錦

先亡

大運今年四十歲　漸漸好似進门來

君子若肯祭星斗　命中合主進外才

猴年驚恐難年享　三月口舌九月凶

昰定

四月通達六月利　十月十二大豐盈

今年月今凶星臨　二三五六口舌真

盡巳

四月平安七八利　十月臘月笑欣欣

魁頭

禁此　用子　中身　有因　遥文

命中千里去禁止　哦位官居領撫庭

民間詞訟不能问　一世只在軍營中

命中合該不守祖　離家出外去當軍

這也非干今生爭　前生造就不無因

正月三十是生辰　閏月生來命運高

八字不落空亡位　后代見孫出英雄

今歲月令命中推　三月八月才录美

湏計崇月口舌事　今景喜的任意為

八字十月大耗宗　為官為更大有差

若是慶民損小口　隄防灾祸重：加

正和刻書

某榔

数中定你寿命長　　今生一世寿安康

付椀

今崇年崇是七月　　十二生日是吉辰

命中录位有威权　　統軍元帥振边山

軍中肅霜人人畏　　后運功高在升迁

柳絲

人生八字田天定　　先天筭来定不差

向君一世何生理　　當軍伞走不守家

别擇

自小淡来出家门　　看経念佛學不成

心裡只想要还俗　　口内不言念眞経

八息

六八月内陰星照　　原来凶事兩三重

出外無人相接引　　家中百事一無成

花朝

向你良人大几歲　長你四十八年高
此乃前生天定數　半点不由人計較
卦中先算夫婦命　兩个都是屬羊人
善是别宫来相配　其中必有灾星臨
姐緣原是天生就　大夫年大三十九
却是眼下無算計　不是帶破不和諧

云文

問白

坐霞

姐緣前世前生就　大夫面上有灾痕
雖然兩意長相守　此乃前世命中招

正刻象

用松
八字生來有戰爭　今世合該去當軍
背井離鄉別父母　帶箭披弓在軍中

癸亥
大運行交到癸亥　謀事求才多順快
出入經營皆順利　見官對理也無害

石氣
人生八字在命中　算來募化过平生
三元定就通神數　雲遊訪道四海行

絕科
先天定就壽延長　想有見即在遠方
命裡不合該有子　算來一世也平常

元才
仲冬主有災星臨　口舌交關是非多
若还过此一月后　劝君不必掛心怀

下　代　大　道　上
下　久　定　大　髪

你生正月二十三　比日方膏母身胎

若是閏月命中好　一世只陰發賢才

八字命中命不通　湏有炎疾五月来

夫主限下官录尽　見即小口有微災

八字有子天排定　生多存火費精神

撻然不浮齐有济　笇来一子送你於

問你何日是生辰　正月二十四日生

若是閏月福录増　钱才廣有倉廩寔

問你生辰何日期　青春正月十八日

若是招淂水命子　閏月生子多發才

正何刻本

奇俗
見甚

八字應該說父母　　釋教之中有修行

一生永录到處有　　经巷木鱼是营生

数合夫妻虎一对　　此理非為今世中

若是別相難相守　　惟有此相始得享

朝風凛凛透冬到天　闲事闲非口舌纏

若是新春正月春　　凡事逐心趁心怀

鉄硯磨穿青雲至　　寒怱苦用十年功

得入黃宮声名远　　金带一品在朝中

慶頁

問你何日是生辰　　正月初三是生期
若是閏月多通泰　　財源茂盛家道肥
配合夫妻皆前定　　原來二人同屬馬
鴛鴦一世相合諧　　后日子孫必大發
筭來常懷正直心　　先天推算可通神
教子有方望扳蟾　　送終兩个貴兒即

正刻六分

宴會
成名之後顯榮光
三甲傳臚廷獻揚

冬春
瓊林宴會人崢嶸
戌運隍遷達上邦
此諛生人數早定
父母水火金子宮
土命佳人原相配
不合此數定早刑

天錫
叉運逢之最吉祥
瓊林宴會姓名揚
家修廷獻青春久
連陞甲第迎帝邦

夏春
一時八刻不一般
有貧有富有做官
父母本土高堂坐
妻子水金保双全

邵夫子先天神數　艮部

双壁

此莫

崇莫

去虎

打村

数中算你閏月生　三月三十是生辰

要存除非本命子　衣禄才錢自然臻

運行流年三十四　命中合該有災殃

禄荣此星過年去　只到七十二岁亡

大運行年當五十　此年必主禍来侵

君子急々祭星斗　可免一身禍患臨

不文不武登金殿　有品有戒做内臣

先天之數已算定　數定并迁伴王親

大運流年祭末臨　出入門庭過貴人

一運十年無限阻　劝君也合告神明

初刻分

策佅　　岸曲　　福旺　　寅隉　　陵虎

先天之數妙無差　　世間少有人皆誇

母親屬兔父屬狗　　合家歡喜享榮華

配合姻緣屬狗相　　命中合主有才星

夫婦齊眉多吉慶　　兒女滿堂榮祿福榮

終日穿宮在朝前　　身居官位祿重添

公二自在堂前坐　　不必猜疑自安然

前生配合好姻緣　　妻宮不吉命所招

合主一身有帶破　　也是數定不相饒

鴻雁行中定先后　　兄弟九人不一般

數中定就呂居六　　同父異母降人間

心一堂術數珍本古籍叢刊　命理類　神數系列

六二

病恒　土事　青奇　風泉　損盡

大運流年到丙戌　逢之有凶也有吉
算來此運十年平　居家禍祟還宜急
數定你父是屬雞　你母屬兔定無移
生你命運相配合　一生衣祿不須疑
數中聖妻是屬豬　兩人相配正相宜
若是內中無帶破　必定難保到齊眉
先天算你男女宮　數定難差滿樹紅
問你結果有多少　六朵桃花果葉濃
一生由命不由人　妻宮缺足定得真
命裡合主有帶破　相見兒女有一羣

轉寅

分司

蜀吾

寒間

平奉

先天算你姻緣事　　　　　妻宮小你十二春

和鳴鳳友鸞交美　　　　　夫妻齊眉喜氣新

數定你是何日降　　　　　原來五月十八生

若是閏月天生定　　　　　到老發財室家豐

命中金石星來會　　　　　先天推算可神通

此年正閏十一月　　　　　十一就是你生辰

運行戊辰氣象強　　　　　泮池得意喜家風

賞宮得未不是羨　　　　　定展平生志昂乙

人生萬事皆前定　　　　　今生結得好姻緣

夫婦齊眉同安樂　　　　　妻宮一定小九年

六四

自即　仲春二月初九日　知君此日斋母胎

又逢闰月是注定　以右福录有增才

色皎　闰新正月初九日　知君此日是生辰

定你衣录常～有　冨貴荣華遨你心

要浮　数中八字前生定　算你食神犯命宫

内闰腊月二十九　父母生君见元亨

甲巳　甲隽巳令主生旺　冨貴荣華酒可望

常恨正真得人心　贵人喜你無偏向

澄清　高花果在堂前　幽雅房中志氣堅

穿典朝衣作内史　最喜迎君是良緣

元　丁　夫　峯　陸
我　妻　諸　朝　空

橘花開放滿園紅　　五月十二是你生
衣祿常〻不缺火　　閏月生人得亨通
流年大運到乙酉　　一運喜事常〻有
十載順行無阻滯　　先天數定無移走
柱定父是屬兩命　　堂上慈母屬兔人
一崴安樂全相守　　后代兒孫居賢臣
先天數定屬羊妻　　一世生未無那移
合家和氣全歡樂　　此理非數誰能知
成就夫妻今離別　　合做内士兩相諧
朝中穿宮作官位　　火姓雖有仇不結

丙　和　弍　函　隔
婦　墓　維　品　所

行年大運丙子臨　此運家宅保安身

說謀幹事皆順意　出門求才遇貴人

先天數定父丙竜　母親知是丙兔人

前緣生定相聚会　卦中此理定得真

八字合聚虎命妻　夫婦二人定齊眉

若是別宮尅相守　鴛鴦驚散兩分离

此命該主尅夫君　兩處还是不到頭

必定要吃二家水　前生註定不湏憂

兩耳生末听不真　算你妻宮有病身

請醫調理不能痊　先天造就不由人

氣　太

鐵　獄

之　童

是　亡

始　伯

前生現你姻緣簿　妻宮定知是兩人

琴瑟恩情調和美　夫倡婦隨到百年

春景二月二十七　慈母生你在世中

一生命有吉星照　衣祿才祿必豐隆

時逢五月二十四　此日是君離母胎

生你相全形端正　定是閏月命所該

此年原是閏十一月　十七日主你身生

命中或有福星照　求運才帛自然興

此年原是閏四月　一十八日是君生

父母一生不相尅　一家安樂得吉慶

端如

萌吉

政喧

碧伐

鑒臨

端如
仲春是閏十一月　二十三日是生辰
一生衣祿常、有　自然名利不須尋

萌吉
清淨房中才自有　日月榮求而相諧
數定今生為內士　耕身必為貴人客

政喧
運入丁亥數定真　朝門金闕萬歲尊
身穿龍服射貴、　手挽玉帶近君身

碧伐
流年大運臨戊寅　錢財謀望自然通
結交出入皆如意　遇此一運十年亨

鑒臨
一生八字由前定　萱堂原是屬兔人
父親定是屬蛇命　一家安然值千金

初刻卷

和美

八字定你多孤苦　誰知你諗尅四婦

数中主定一.為準　災害原來一字無

光美

居家一生福祿齊　豈知父母妣一体

身居朝中為内士　光前耀后子孫梯

回首

此岁闰月元宵節　正月十五是你生

夫妻相配和合美　双双到老不相争

求封

前生註定姻緣簿　其妻定是小四年

命裡一生無駁雜　内助那個不称賢

慌然

前定几日生身降　必闰十一月内生

新冬父母生吾体　乃是二十九日中

二方　禪度　五叔　傳美　朔風

新正閏月二十一　此日是你降生時
一生衣食前緣定　到老家下有餘資
數中行年二十一　此岁运多必火吉
若是闖過此年去　壽限只到五十七
原末此年閏三月　十八乃是你降生
一生衣录天然有　录壽綿远亦非輕
八字原未註先天　鴻雁行中不一般
兄弟十个公居六　先天數定得安然
先天定你八字中　屬馬父親母兔生
禄夀俱是前世造　双親方保百年崇

智刻大分

善動
璧橋
寧邵
東許
倫貝

算君父是牛年生　母親定是屬兔人
先天定你多福祿　軒昂志氣又峥嵘
甲戌運中主榮華　泮池初榮桂生芽
且喜牡丹身不老　霜期菊蕊色更加
陰陽數定造化宮　父年生你二十七
雙親歡喜在堂前　一世衣禄無尺期
大運流年到甲午　算你本命十年榮
出入結交皆順意　百事謀望皆亨通
從來八字前生定　母親屬兔生你身
原來父親屬羊命　一家眷屬前世因

婚姻　絞峰　妻因　燕境　自典

先天定你姻緣事　妻宮必是猴相人

若是身上無帶破　子嗣宮中恐難存

問你子嗣宮中事　注定二女更無移

一生命不相尅傷　姊妹是兩个得齊眉

五行註定相尅傷　定是有口不能言

妻宮自上有帶破　多因前世無善緣

前生主定妯娌緣事

數中主定誅如此　妻宮小你十八春

仲春二月十八日　方得承案兩眉香

原是潤月福生降　啟家生身离母胎

家門日日添資才

初刻七分

定胭　金精　養鶴　求伸　年巳

原來父命兩姨人　生母兩兒養你身

父母以金多吉慶　福祿榮華與家門

數中字前生定八。　兩雞妻公帶破身

若是此身無帶破　子息宮中必難存

人生男女前生定　一樹相生五朵花

姊妹少同歡樂年　后來到老不同家

陰陽主定是天緣　妻宮帶破莫怨矢

問君可是何帶破　原來十指不周全

胡風凛凛透九天　瑞雪黃風滿山川

生辰臘月二十三　閏月生人喜無边

兩全　口鳴　珠双　想設　登卓

問你何日是生辰　五月初六生你身

此數原來是閏月　算得時真命也真

人生八字前生定　知君二十九日生

此年閏的是十月　堂前丹桂長根苗

運行流年十六歲　你命合該做鬼魂

若是闖過此年去　算來必定到六十

運至庚午氣象新　數定折桂遇青衿

梅花吐玉滿枝雪　滿樹桃花笑欣欣

流年運行六十春　此年一命恐難存

若是得過此年去　又是陽間一十春

攀林　先天定你子女宫　四朵瑞花一样新

途指　成人去家他人媳　各人都只为夫君
　　　数中妻宫有带破　算来六指定无移

萬鍾　劝君莫使机关尽　使尽机关无好处
　　　现你前世好姻缘　其妻一定小十年

三而　夫妻一对如鱼水　双三福寿两俱全
　　　初夏四月初六日　南园甘草半夏临
　　　知尽生在闰月内　算得时真命也真

翁之　八字此年闰十月　二十三日生你身
　　　梧桐落尽菊花残　匪过南楼音音信

凶問　亡消　咬花　守星　炳亘

運至丙寅正逢春　泮水遊泮采樂天真

天定迎門生瑞氣　紅鸞六合一番新

運至辛未近嫦娥　青云得路笑欣々

春到洛陽花似錦　爌回寒谷草如姻

先天定數不非輕　兄弟六人一枝榮

神數定你必居六　令榮無辱家道隆

不是文武永進走　居官亨录是平生

鑒衣玉帶非小口　朝庭定做八品人

大運流年行庚申　小到利家皆可成

一運十年多喜事　冨貴榮花子孫興

此遭

前世注定父屬鼠
今日方知母邳生
卦中数主前生定
如今合是一家中

敝怀

前定妻宫是两牛
二人相合喜綢繆
宜室宜家相和美
一對死央到白頭

鵠飛

先天注你有刑尅
合該尅死六个夫
必定要吃七家水
此命禍連方知毒

色語

結嗑声音有帶破
妻宫語言說不知
前生注定如綠薄
皆因前世不修身

陞指

如綠匹配前生定
年小六宗是你妻
两意相投為氣和
古今夫唱婦相随

水土

五封

之子

年意

奇林

桃花洞盡百花夜　初九生戍喜氣來辰

知君生在閏月內在　運行旺地老枝開

閏月生辰數定詼　三月二十之日生

若是運行生旺地的　中年應有好貨才

先天算定總真數　慈母閏月生你身

算定臘月生十一　双親堂上笑欣欣

運入癸酉事轉親　一團和氣滿門臻

青云有信詳地迫　定作出類拔萃人

先天數定不偶然　近君盡忠恕由天

不須金榜題名姓　定做朝中一品官

朱育
问你父母是何相　原来全是属兔人
一家和順全欢爱　后来家庭旺子孫

傷官
前生八字安排定　算来主定夫有傷
姻緣注定相配合　除非再嫁得安康

洪萌
先天数定多刑尅　妻宮合有眼目灾
一生衣录常々有　一身常破浮和諧

来闼
朝庭主定我做官　身居官位人自欽
先天之数已算定　公々必定是君身

地剪
卦中定你姻緣事　妻宮是小定一年
一生相從為活計　恩情美滿浮園园

将生　算成　其涉　康宁　倡俗

李春二月二十一　是你慈母降生時

前生命居長生位　生在閏月有家資

問你降生是几時　原来四月十二日

命裡若逢閏月者　一生謀事定主吉

此歲定閏十一月　初五是君降生時

先天算你無差錯　衣祿一查皆相吉

姻緣相合皆前定　鴻雁行中十一榮

居六有兄亦有弟　爱弟敬兄和氣盈

先天合數定主奇　運逢甲子入泮池

春日落陽花似錦　丹桂枝工子規啼

童推

朱音　大運行年到十四　遇此定主有災缺

　　　居家香火祭星斗　閻過此年必無傷

列度　八字行年五十四　此年逢之必有災

　　　若是得過此年去　七十歲上不難涯

良本　鴻雁行中弟兄齊　數定七十目相依

　　　富貴貧窮數已定　算君居二有誰知

祇牧　八字此運在丁丑　出入交接盡貴人

　　　此運行來十五妣　先天數定中斷真

三弄　前生命聚屬蛇妻　若是龍妻不相隔

　　　一生若还無帶破　子息宮中定主絕

童雅　塞白　康寧　一己　不見

注就貴令，造天真
乙丑運中進洋水
卦中推你妻有病
姻緣皆是前生定
前生主定姻緣簿
宜室宜家兩和諧
殘花三月初三日
堂上春萱無尅陷
初春正月初三日
命中若得閣星照

不犯刑冲五福臨
滿庭都是桂枝身
主是鼻中流不通
算來帶破也相通同
妻宮定小二年間
美滿恩情得自然
此是君家降身時
閏月生來自然奇
是你慈母生你時
火羅然有好家資

劐一分

沙茵

数中娶妻属龍命　　原来帶破可立身

閟白

姻眷皆是天对付　　一公相守百年春

八字姻緣前查定　　其妻面上有一疵

定是眼下魚鼻子　　揽有帶破也和諧

門地

夫妻相配皆前定　　妻宮此你小五岁

若是娶了別宮相　　必然尅損不週全

不遘

仲春二月十五日　　慈母生你在人间

若過閏月是天数　　此造生来正非凡

此岁原来閏四月　　二十四日降你生

黃花

命中合有才星照　　末運才帛自典隆

理手
原来是閏十二月
朔風凜冫正嚴冬
初三降生在人間
一家生下才谷豐

栢廸
大運流年五十八
居家合主有灾殃
急々糧米拜星斗
福祿末運自竺昌

此漠
乙亥運中喜自宜
青雲得祿仕芳菲
泮池遊末當此際
馬逢栢樂正值時

伏幽
嘗你此命非尋常
知你必定妨五房
若是再嫁老夫主
末運方見免灾殃

栢元
大運行来到庚辰
必定出門遇貴人
一生酒肉隨身有
出入交圓得自神

西刻三分

發令

问你生身在几時　父親年交二十九

此日降你在人间　先天定你必無差

穎節

大運交至辛巳位　此年逢之吉且多

生當此運不勞力　晚景興隆咲呵呵

田而

八字生來父屬猴　立身慈母屬兔人

平生福祿皆天賜　富貴榮華華其身

明教

先天定你妻屬馬　姻緣相配揆無差

鱼沾身工微帶破　妻良助夫興其家

陈子

先天定就晃女宮　一命生女在其中

此乃先天前定數　若是胎多恐不成

問捱　辛食　夫婦　祖熟　事末

人生四柱天排定　相配姻緣永不韶

也是妻宫有帶破　定然向上無耳桑

命中算你姻緣事　妻宫小你七岁正

皆是前生相配合　美滿是情自相稱

新春正月二十七　此日慈母生你身

幼年多主有病疾　若是闰月自圣岛

四月五十生末主清凉　闰月降身吉且祥

四月三十生身体　並無尅刑得安康

八字夘中赳命中　命中逢之吉且安

生身是闰十二月　十七之日降人間

翌刻界

無多　　新春　　賢慶　　丁廿　　桂所

鴻雁分定元先天　一時八刻不二般

兄弟八個居居六　弟兄之內得心寬

八字生來數定真　稟成男形小男身

數定公〻居居命　運轉時來定高升

運至己已喜家門　堪取攀蟾折桂人

蛟龍洋池初得意　不精神處也精神

大運流年臨丁亥　遇著此運十年通

謀財出入多得利　郊闊稱意喜濃〻

南樓聞雁空中叫　只听云間一個鳴

子息宮中知多少　未來一子送居終

洞済

交頸鴛鴦匹配宜　豈其中途有悲傷

禎祥

娶了三妻生一子　非是凡品等尋常

望楼

八字身処公門內　凡事逢凶化吉祥

自居厮穴立事業　后代子孫定荣昌

一羣鴻雁空中叫　問君見即有幾行

雖然二子不同外　各母生来有二子

平生手足天然定　問君可有幾個即

與家主業姓名揚　各母生来有三子

壬城

八字琴瑟調和美　豈知断絃再續难

澄清

三妻方讌得二子　家業與旺福綿綿；

分定

良緣匹配生瑞色　　妻宮戌年屬狗相

本命屬猴來配定　　八卦算來亦無妨

数定公妻連枝美　　五子生來不共親

兒是一父仝欢慶　　各人母亲各孝順

宗子

牡丹亭外桂枝杳　　青枝菉葉更芬芳

共為一父仝根出　　算來二子不仝外

谷水处火鶯折散　　篤交鳳友續斷絃

敬濱

三房妻室同生子　　三个見郎喜氣連

一生命犯天月德　　人若犯之凶化吉

光耀

好学

命中近貴上人喜　　却是公门宜出入

雁序　名成　珠双　禅度　奇星

一对妣夬豈偶然　前生匹配两姻緣

聚得三妻生四子　夫妻子母永周围

玉楼堂前草凄凄　子宮九人数先知

两树陰濃結好菓　四枝原来二子奇

運行丁卯才录豊　泮池浮意望蟾宮

渾是早梅含臘雪　独如枯木遇春風

運至壬午旺家门　主定儒林遊泮人

撥开天上雲千丈　現出当空月一輪

先天定就無可更　天边鸿雁出奇星

兄弟七十人公居六　几枝旺相几枝榮

绍業

子息宫中有几人　原來却有兩双成

虽然一父有四子　定就不是一母生

應前

命中八字犯凶亡　帶破身上再不爽

若是此身無破害　数算一定有后外

未奠

命元帶祿貴难攀　急公授倒在王選

会際闢門達照日　九品轉八仍迁隆

十人

運行流年甚是低　闹氣破财惹是非

灾欤官事躲不過　喜事相冲得安和

行年四十岁中亨　此年逢之喜臨門

先天神数己算定　方信三元定的真

邵夫子先天神數　震部

暗搜　芝華　玉千　吻欠　元金

數定你得姐緣事　其妻必然暗結親

中間不曾有媒正　配合終久不分明

人生八字安排、定　閏月生來喜具安

算來當時生你日　十月十九命長延

此年是閏十二月　知君十九是生辰

凜烈寒風冬雪冷　孕胎不久春新春

八字俱是前生定　造你身体不週全

而上微々有帶破　必火口唇缺半边

先天主定父母宮　父親屬猪母屬雞

若有吉星來照命　當吐福祿兩相臨

每存　先天神數定不差　世親屬鼠能伯家
　　　你命一定先去父　方今八卦玄妙法

合天　八卦今未定無差　命該靑祖享榮華
　　　正是祖宅不吉利　八卦主定永無法

否運　今生駟馬坐命宮　貴人提拔身自榮
　　　軍中听用千總位　日后有功又如升

柒缺　人生八字前生定　今世原來却無緣
　　　你命該有何帶破　多因茅齒不周相全

新錦　姻緣本是前生定　其妻必是屬就相
　　　天定姻嫁相配合　紅綠繫足結成親

杜隴

夜種

地鱗

以恃

散落

数合先天定五行　松栢草木自青～

世是屬鷄壽年有　父親先亡見阎君

三元数定父屬鼠　方是母親屬鷄人

此乃前緣相配合　免灾免難百年是春香

經書勤讀望高進　仁慕多端忠孝生

父親定是屬鷄人　世親定是屬鼠人

先天数定尅父母　姻緣相合堂用人

世親屬牛壽有年　必主父親見阎君

君家妻命屬何相　原未却是屬狗相

此乃配定姻緣事　三元推算果如神

正二刻

少良

昔日姻緣和合時　此理數內已先知

別情

妻宮是有何需破　眼月微々只邪視

此閏是宋十一月　知君二十五日生

先天數定無稷走　此小疾病時常逢

扶星

四註偏才最豐隆　合誘離祖起家成

若不離祖並外居　妻宮定換三兩重

先亨

運行丙申必顯榮　泮水得意入黌宮

動靜安然人俊雅　行藏磊落志氣雄

凋淬

姐緣本是前生定　先天數定十分真

一対鴛鴦相配合　其妻必是屬虎人

上浮　　　知君父是屬蛇人　母親屬鷄全相守
　　　　　前生主定相配合　事〻相宜得長久

犬句　　　五行四柱定九天　父母宮中壽不全
　　　　　母親屬狗春常在　主父先亡西天

星譚　　　運行十五大吉昌　惟有人情得失長
　　　　　家有錢才多進益　福祿身体主安康

芝才　　　等君父是屬蛇生　你父鼠相得桄寧
　　　　　先生主定全相守　今世姻緣結成得

桂隴　　　芸窻篤志在早年　滿腹文章胷中藏
　　　　　庚寅運中方遂意　螢宮遊迍未折桂香

本才	配弟	其剛	三資	天地

天地　人生八字天排定　父是屬猴母屬鷄

　　　君命本是前生造　祖上原是有根基

三資　姻緣前世安排定　妻是屬牛結成婚

　　　丑年生子成佳器　牡丹枝上的生春

其剛　生身父母屬虎命　萱堂原是屬鼠人親

　　　皆因前世相註定　今世團園鼠兩家親

配弟　單衣孤枕獨自眠　誰料夫君少年亡

　　　緣何別處不去嫁　小叔重婚結姻緣

本才　問君何日是生辰　前生註定不差分

　　　此年是閏十一月　初七之日降其身

根良　五叔　天虫　文陳　乾育

一時八刻不一般
弓馬韜畧在當年
便生貴子拜坟前

金帶黃傘都司位
父親屬馬相為吉
母親定是屬鷄的
寿命延長福录齊
父親早亡見閏君

前生脩来福德厚
先天神数定双親
屬虎母親春光好
保守女家辻几春

知君父是屬鬼人
萱親屬鼠永無憂
前世脩来相聚会
一家安樂慶春秋

此是皆是前生定
你是隨外嫁的女
兄妹二人結成親
篆来正是今世尋

棳因

轅磨

好走

本是

納兒

原来仲冬十一月　十三日永無錯

凛凛朔風瑞雪落　朝廷為主你為臣

今生合做将軍命　馬到成功受皇贈

双親元命定先天　遊水歸東郎如山

父親一定先死去　母親兔相壽年安

先天父定父屬牛　母親屬鼠樂悠悠

一家和氣前生定　守祖旧田永無憂

君家八字前生定　妻房必主頼先知

本是兄弟為妻小　今反娶兄作側室

首　　子　　佳　　地　　繡
斜　　慶　　奎　　將　　縛

知君妻室有帶破
歪頭側耳是伊身

問君卻是何疾病
急緊便中要抽刼

問君何日是生辰
此年是閏十一月

初一之日降其身
三元數定無移轍

運至癸巳事自新
一團和氣慶陽春

青云有路天衢近
定作賞宮遊泮人

父母宮中天生定
父親屬猪筭的真

堂上母親原屬鼠
果然由命不由人

敎中推你姻緣事
其妻屬猪是命宮

阴阳妙訣先天定
他他能有九人通

非罪

維年

沙难

元生

訪巳

雁行兄弟有八行　　四隻原来是两双

娶妻不和难相合　　因此各自各分張

自来八字天生定　　生辰一身福录多

君家却是闰月生　　臘月二十五日合

君家帶破分明显　　一面却是帶花班

問君生来何所似　　恰是大雨打沙滩

中心报国在當年　　权柄威々更靖然

先天已定作副将　　火右賢孫桂子傳

人生禀命由前定　　三元卦内有神通

生身父母屬何相　　丙人同年在鼠宮

所室　金北　參髮　泄鴛　倡陶

姻緣事業是前定
妻宮必定屬鼠人

若逢丑未年來到
富貴榮華得長新

父親屬羊前生定
母親定是屬雞人

一生事業皆前定
先天數中推算真

土相若退居鬼位
生來頭髮定然稀

一身代破分明顯
只有天生兩道眉

壬辰運中各可成
芹宮得意喜崢嶸

遊伴氣象春色好
一天星光增月明

算定你命為高賈
不是養牛種地人

走遍東西南北路
家中农泉有餘粮

二刻分

看好　首科　又佳　損之　音呼

三元神數無遺漏　雙親皆是屬雞人
一門賢孝人欽仰　真個家中和事真
八字命中安排定　生来歪項側耳人
問你身上有何病　恰是紫急便中斤
若是甲子丑未未　午未年間科甲聯
禹門三月桃花浪　一舉成名天下知
貴造寅時並甲子　高步蟾宮折桂枝
午未年末身貴顯　萬年三呼拜殿墀
姻緣本是前生定　其妻必是屬羊人
上天一一相配合　兩人有事必相親

両跡

人生八字定得眞　恩愛慈祥無頃憂

父親已定先亡去　母親屬猴壽年有

問君何日是生辰　臘月初一不相移

丑暮

閏月生來方遂吉　夫妻相守不分離

運入丁酉方遂心　榮遊泮水樂天眞

琢開璞玉弄美玉　陶淨泥沙見明金

壽主

古來天理人倫重　先師推算有如神

父母統得十六歲　此年就是降你身

禪合

先天數算人自眞　若是時眞命也眞

物平

為主自有清閒福　丙戌金民為年春

亨凶　属臨　對相　誰平　和三

此運行未大亨通　　百事謀為俱自然

一生衣祿天恩賜　　受享福未過百年

運行丄未桂榜荣　　沛池得意喜重重

良玉不雕為世宝　　灵根無種自發福

五行八字命中該　　先去父親百傷懷

毋親属龍春常在　　另整家業已安排

等君妻室何宫相　　原來却是属馬人

子子孫孫多吉慶　　か財福录日己進

父世生辰是何相　　父属龍末世属鸡

此乃先天已算定　　世上能有几人知

雲於　厄年生人父屬就　　萱堂屬鼠自然興

隨坤　一門喜氣多吉慶　　若是家和萬事成

　　　生未本是隨外女　　岁：婆你去做妻

截妾　夫妻原是人倫事　　等未此理世上稀

　　　生身父親是屬兔　　此命屬鳴兩周金

之耀　此是三元數主定　　一生富貴揔由天

　　　此命數斷父母宮　　馬嶼鼠女不相同

嫩邑　一家和合前生定　　一生衣祿不由人

　　　前生定你妯娌事　　其妻必定屬鼠人

　　　右代子孫多與旺　　夆安齊眉百事成

雙配　先天數中定姻緣　此理非干今世尋

孤雁　兩個本是親姊妹　因何却嫁一个人
八字雁行多孤獨　生來只是一身孤
兄弟幾人先剋去　一生不得他人扶

娈思　臘月初七是生辰　朔風凜凜透寒衾
夫妻一生無剋限　閏月生來喜自編

朝送　先天數定論雙親　壽彔長邾數得寡
母親屬豬考年有　誰想父親早歸陰
定仰父是屬牛生　母親恰是屬雞人

心目　前生配就無刑剋　后代子孫沐黄恩

翼恒　長壽　百儉　固通　邪目

五行四柱合先天　堂上双親不得全

嚴父不幸先亡去　母親蝦相壽百年

運行戊子百花天　榮入鸞宮望端婿

泮水家風遵孔氏　芸窓花雨沭者壇

羊母生来前世定　筭就君是鼠母親

一家安楽相聚今　福禄財帛自然興

数筭維關合為唯　君妻一定是屬猴

原末不是姻礼花　一生相守百年秋

姻緣本是天生就　今世總得配緣羅

其夫年小十八歲　夫婦一世両諧和

編列案

公笑　吟裁　震掟　芳城　面斗

此年是閏十一月　一十九日是生辰

后代子孫多興旺　未運行未有才民

巳丑運中花遇成　吉祥如意好光陰

沐水㳠未營宮志　明倫閣上沐恩深

先天令數定不差　羊羔跪乳及哺鴉

父親已定先去世　母親屬馬能持家

四野鼠攻凛氣雄　父是屬虎寅年生

慈世屬鴉命己定　更比南山不老松

數定父命是屬猴　萱堂屬鼠永無憂

一門安樂桐蔭令　合氣盈？庇春秋

普漢　無門　永弟　調元　五叔

问你要妻是何因　　却是酉年属鸡人在

主定阴阳相配合　　今生聚城一家门

人生八字前生定　　今生相逢是凤鸾

妻宫命主有带破　　恰是门牙不的全

命裏先弟生来少　　连枝只有两个人

先年手足相和美　　后半将自分半均

此相必生先剋父　　人生亲命论双亲

人生父母天生定　　母相属羊过几年

　　　　　　　　　父狗母是属鼠人

前生修未相会合　　行到未運運旺子孫

正和別分

謀先　息到　机卓　鋪店　今全

辛邜運中花遇春　棠遊沛水入鷲門

左田綢繹家門改　屋宇雕畫家道新

運行甲午得意時　風雲会合入沛池

洋洋已逐平生志　才录天然喜自宜

運行戊戌喜自来　初入鷲宮恭奇才

扇風定作就頭浪　蒲劍市能刺魚腮

運行美地桂枝荣　巳亥運中入津宮

和遊鷲宮得意迴　婚魚池水化成就

庚日丁亥時最真　五福西門折桂天

逢鸡頂知反第早　虎犬兇卸保迴么

豆七

數算父親是屬狗　亥數合來逢牛斗
慈母已知屬雞命　一家和美事〻周

少慰

先天數定元辰宮　閏月逢之保身榮
此年必閏十二月　十三生人衣祿興

裁運

巳卫運中必亨通　定遊泮水入鸞宮
他年必然成大器　得令風雲上九天

扐之

知君父是屬猴人　母親是雞相知情
八字四柱五行定　八卦生尅有相逢

要春

初刻生人定妻宮　小者可此百年榮
父母若是金土命　水土生子方可成

主壽

運行丁酉喜事多　好似池魚代咸就

風雲一會入洋池　洋々己逐平生裹

八字命硬非等閒　自己身中何代破

若還本身無破害　必主父母有風波

先天早定兄弟排　他人子子輪着换

是若

內有一個去咸继　八卦推算命必該

初刻生人命主荣　父母本是水火命

内有

妻命金命同到老　子宮本穀是木命

秋春

邵夫子先天神數　巽部

心一堂術數珍本古籍叢刊　命理類　神數系列

乙未

擦星

天辰

馬動

捌林

大運行來辛未宮　此年才帛自然具

行來十年無阻滯　禍去福來大亨通

數中定你姻緣簿　配合原來五个要

馬何當無年子嗣　先天定數人難知

八字原來天生定　此理非為今世中

生母已知先尅去　繼母已定且屬兔

大運相交在辛酉　榮華衣食濟長久

一運十年共順利　作事吳旺無移走

子宮原來天生定　三子承恩真堪考

晚景一家儼潯兒　內中定有着紫人

初刻

氏子　　堂上父親談鼠局　　母親必是屬虎人

悶業　　生下君家安且吉　　為你受苦多憂心

火極　　人生四柱安排就　　原來不為今世中

汪家　　一世却是天對付　　丈夫之家却受貧

如枇

姻緣本是天生就　　妻長丈夫八歲強

若是別宮皆不吉　　後代子孫必榮昌

先天神數算的真　　二月初八是生辰

生來閏月方纔好　　后代子孫興家門

元霄將近是生辰　　正月初八賀麒麟

正月門庭添吉慶　　方知家和萬事成

竜慶

倫枕

笑棠

同室

璋分

数定你父屬雞命　你母却是屬虎生

殷勤養育成人器　日后必主旺門庭

子息從來天生定　一子成人定的真

原來福星相聚會　后來家和萬事臻

八字從來天生定　定你寿命該延長

屬狗是你父親命　屬猪是你生身娘

婚姻本是天生定　非是今生可強來

初年同室為婚眷　以后永遠到白頭

先天尅妻又尅子　次子育別長子死

虽有三个子來臨　只畱一个小孤子

梅花　卦中定你何日生　却是三月初八成

飛能　命中四柱安排定　閏月方纔得安寧
　　　流年行到五十七　命中逢之必然吉
　　　喜的添才進人口　算來果是真寬的
　　　妻宮原來不生芽　此造犯了天狗馬

伯導　生了不存難立子　好似鄧伯導不差
　　　大運行來到庚午　諸凡做事多吉祥

甲午　私謀官幹皆順利　合主才帛進門強
　　　卦中知你心中事　婁得妻室子難立

交通　一生不愁衣與食　兩兩相守不妨嫌

中意　二文　聊布　起達　身容

夫妻配合非偶然　誰知四柱有刑傷

不剋除非失土命　子宮合立命水即

陰陽相定今生事　生母必定早先亡

繼母必是屬猴命　一家相守永不妨

卦中知你造化生　母虎父猴是双親

自幼小時多疾病　如今長大有精神

子息宮中你有分　一枝生來六個即

內有讀書功名早　只怕刑剋母先亡

前生本是夫人命　今世却嫁於官人

一生衣祿常二有　家中積玉又堆金

四三刻

根信　　向你父母屬何相　　原來二人同屬猪
　　　　衣录常々不得缺　　家中五谷有餘資

三方　　向你何日是生辰　　却是正月二十六
　　　　生來閏月方綫好　　一生清淨不勞碌

廣琰　　四柱前定妻子事　　命運相尅不到頭
　　　　若还不尅火命好　　金命又生失命番

美終　　人生向你夫婦事　　一世相守兩相成
　　　　失命佳人配合定　　立子水土定有終

成心　　雲棠蕙意妄費心　　蘭台標名又起羣
　　　　才旺生官数已定　　也是儒學遊泮人

芝蘭　小望　坤地　心妄　前定

算君此歲浮錢才　廣有金良家裡埋

更有天賜外不宝　喜上眉稍趁心怀

每日窗堂对圣矣　要相月中丹桂拔

铁砚磨透寒窓苦　除非納粟近就額

八字數中安排就　前生命裡不自由

生身你母先亡早　繼母多因是屬就

人生世事百世秋　先天定就無移走

若向双親是何相　母是屬猪母屬牛

數中造定兒妻相　属牛之妻兩相當

以后方浮保安康　不伺此相定有傷

祝刻界

五工　　九原　　分期　　演元　　尘有

问你父母属何相　　父兔母猪喜自安

此命晚来主大发　　不与寻常等闲看

父属狗来母属虎

平生疾病灾祸火　　一世相浮守安然

子息宫中你有分　　一生自在且清闲

时上恐怕有刑冲　　一连生来五个即

前生诀定姻缘事　　若有带破也无妨

算来夫君是贵命　　原来不是今世寻

数算今生多快乐　　必定积玉石金民

家浮良人富贵豪　　辇辇福寿两俱全

菊油

元斗

一支

八字生來福氣廣　妻宮金水正相當

別相定知有差錯　水土相生是兒即

向你何日生此身　正月二十是生辰

闰月生來后重好　万事從天福录深

流年三十無零数　浮一子來喜氣臨

此是前世脩的好　后來必定耀门庭

初刊奇

別式　　　子息宮中前生定　八个娘子定的真

詳言　　　每朝心事多勞碌　后來終久有兒孫

子家　　　八字送來前生定　主你命中多不良

花蓓　　　生母已定先尅去　后母原來是屬羊

金花　　　向你父母何相人　母是屬虎父屬牛

　　　　　天定衣录常~足　一生富貴不足憂

　　　　　子息一生天生定　今生~~來富貴齊

　　　　　子息強多不得濟　他年二子送老終

　　　　　算你今生多快樂　皆因前世積善緣

　　　　　嫁的良人是富貴　輩~福壽自双全

元斗　向你何日是生辰　正月二十降其身

　　　　　閨月生你晚運通　万事如意福录臻

徃小　尊家貴造定的真　雲宽雲繁閙用心

　　　　　才旺生官先天數　蘭台清選超九羣

三朋　流年三十無零數　浮了一子喜氣生

　　　　　皆因前世脩浮好　后來必定耀門庭

小斗　聰明之人近聖矣　終日苦讀想高攀

　　　　　納粟成名先天定　異日云会子午間

抬神　大運行來壬子宮　出入徒交近貴清

　　　　　凡事謀望皆趁意　婚姻事業必定成

嵗喜

数算喜事從天降　合主謀為浮外才
劝君且耐心上願　一生祸去福神來

鳴會

人生八字前生定　想是前生不敬神
堂上母親先尅去　原來继母屬猪人

神三

人生禀命由天定　前世燒了断頭香
別人只有一个母　你今合該五个娘

風明

八字才旺自生官　碩額國士錦上添
圣朝廣恩取遺士　荣俸科第可並眉

餘旦

生身父母屬向相　父是屬就虎母親
自涇生來衣录厚　供奉双親是孝順

配孤

八字本是天生定　由天由命不由心

本是庶民一女子　想來定嫁一官人

要訣　天恩　早晚　隔子　三乙

卦中定你終身事　父是屬鼠豬母親

嫁內凡事不由你　算來合是一家人

大運行來到甲子　災消禍散福星來

行來十年無阻滯　一連謀幹好求才

時刻若真從天降　早晚可浮進士身

堆金積玉並珠玉　行事百般皆趁心

生身母親先剋去　繼母却是屬狗人

此理皆是前生定　一家相守百年春

大運相臨到乙亥　若是过去甚徙容

災消禍散人安樂　見官見府也無凶

長年　數中定你生身事　二双母親在画堂

　　　別人只有一个母　你今到有四个娘

排查　劳心劳力三六年　千般苦裏向誰言

　　　堪惜内室毫髮辺　雁行齊集我独烟

閑茂　大運行之到甲戌　逢之来才百事宜

　　　出入交閑皆順利　安消禍散生喜氣

拾弍　一生常怀正直心　四个兑即讀書人

　　　義方教子成名立　后代一定旺家门

七令　堂上双親是何相　原來仝是属虎相

　　　衣祿天然常不缺　一世清閑不受貧

再刻八卦

商數

算你今生几个子　原來只有一个郎

寺土

終日神前祷告祭　兩口愛如掌上珠
窈窕身子嬌媚美　生身却在彻術中
虽然今為姻花女　不久從良富貴荣

城畢

問你何日是生辰　正月初二大新春
昨日拜年今賀喜　后代子孫旺家门

秀幘

欲知父母是何年　父兔母猪却有缘
一生做事多如意　夫唱婦隨浮安然

还难

知君母是虎年生　父希属羊生你身
先天定就無卲移　后代一定興子孫

淺浦

子息宮中定多少　知你兩个好庚卿

前生積的陰德好　家業興旺福孫昌

妾髮　晃光　一黑　盂昌　醜益

向君父母是何年　父蛇母猪皆有缘

一生幹事凶化吉　寿如松栢浮延長

欲知你母何生理　天尊道觀棲他身

本是風流一个女　姻缘到嫁於廣人

名园芍藥正芬芳　閩月生人命石強

二月二十生下你　到老之年身又忙

欲问九時浮兄妻　算來浮到三十一

冷然一子降生下　劝君好把閂德積

大運行來到乙丑　突殃禍患時常有

幸浔嵗君來護佑　禳祭福神相保守

流吉

迎光

護福

海妾

先定

算你今歲無災難　　望喜添才人口安

燒香禱告祭天地　　更有口愿今誘还

大運行來到丁卯　　幹事求謀漸之好

家中之事多吉慶　　出入賣買也淂宜

此運逢之多豐亨　　望喜求才有才錢

田產大收增百倍　　大小人口又平安

人生世事不可比　　父是屬虎母猫相

一家安樂多吉慶　　翠竹青松百年春

先天定就堂可卽　　合婚之中要斟酌

欲知免妻何相生　　屬鼠佳人配定酌

婚後　衣零　結成　為平　雲深

別處求配都不就　　却把姨娘做婆婆

一生八字貴星多　　前生配定结总羅

一家聚會同欢众　　只因家和万事臻

註中猴父猫母親　　生來今世定有因

子息前生安排就　　后來積谷有餘香

八字一生血駮雜　　知君生下三个即

人口平安添吉慶　　一家人地久天長

三元数定父屬蛇　　娶來慈母虎最良

后奉継母卲一相　　算來必是蛇年人

八字一生多剋刑　　知君先亡你母親

鸾孤

真言

鈿押

君生二月十四日　仲春天氣早生芽

閏月生來人正氣　后運石崇更迤加

此命詳之不堪推　痛哭流涕如山堆

長く嘆息中夜間　老景方須心安慰

大運行來到壬辰　出入交關百事成

此乃歲君來護佑　一家三中海安寧

紅帛

午舷

卦中說你有儿妻　　定就七个與君齊

前日六个難存子　　如今却有可喜妻

先天数定尅生母　　繼母却是屬馬人

虽然和命一家内　　中间難免二條心

两刻土亏

朔日
数定一堂同欢乐，父是屬豬母屬虎。
此乃前世安排就，果然田命不由人。

或風
数算子息有九个，生來四子最清奇。
君家積的陰德好，中有一个貴人持。

斷所
三元数定無可移，会合一堂点罕稀。
又娶继母鼠屬相，生母先亡數中知。

絕綵
人生八字皆前定，八卦之中不虛傳。
今日孤身蚤無靠，到老終有子孫賢。

自傷
父親原是屬馬人，母親必主是虎相。
此乃前生已定就，家中之内無乖心。

梨園

春結

近元元

鉄元元

輝首

子息宮中最為奇　　五子生來要門閭
前生積的陰功好　　福祿兩全世所稀
你父原來屬馬相　　須知屬豬是母親
此乃前世修來好　　方知家和萬事臻
八字原來金水多　　三元數內細消磨
別處求婚不能就　　姑娘當作親老婆
推君兒時膏母胎　　二月初二始生身
算你五行多秀氣　　閏月方浮起心懷
流年行來五十四　　途中好事從天降
錢才衣祿隨身有　　出入經營慶招才

寅押

後演

条弗

門之

数怀

大運交入到癸卯　　出门时常遇贵人

官上私下皆順意　　家中日日進才艮

八字生來定先天　　弟君必主尅母親

此乃前世已定就　　弟君亦是屬虎人

細看兒女子息宮　　繼母亦是屬虎人

娶來三房子宮少　　本命傷官尅害深

算君父命是屬兔　　揽然生下点难存

陰陽之数本先天　　母親方知屬狗人

三元数推定不差　　世上能有几人知

有人能解其中意　　知君生下六个子

世上称为一祖师

鹿懷

算你父親屬羊相　母親屬猪正相當
陰陽妙理全不爽　世上能有几人長

鸞吟

前生主定為夫婦　妻大三年永吉昌
若是別宮多不利　治家內助果賢良

見龍

三月桃花正芳芳　初二生辰大吉昌
若是閏月生身体　兒即必定養成行

人人

人生八字前生就　母相屬猪父屬雞
一生衣祿皆天賜　見孫后代著紫衣

寸孤

天生伶俐聰明女　歌唱窈窕貫舜人
若到運行生旺地　中年今嫁一官人

初刻象

皓歌

鳳縹

巳巳

丑神

列室

卦中定你一生事　　妻宮大你五歲多

姻緣本是天配就　　數中註的定不差

新春正月十四日　　生逢閏月涥安然

若是金水來相配　　一生老來衆不缺

大運行來到乙巳　　許多吉星來相佑

出門在家皆浮利　　幹事謀為皆順利

人生八字由天定　　親生母親命難當

父親再娶一維母　　本相一定是屬牛

先天着你子息宮　　數斷分厘不差移

獨自一身無兒子　　房中却有兩个妻

頹開　絕貴　江各　五空　心一

八字流年大吉昌　门庭喜事两三场

劝君还要荣星斗　虔诚祷告承恩硖

今岁门前喜气生　田蚕谷麦十倍增

添才进喜进人口　合家大小笑声吟

人生八字安排定　定你双亲有刑伤

此是前生已定就　祸去福来吉星佑

算你八字前生定　堂堂之上高且强

别人只有一个母　你今到有二个娘

先天主定父母宫　母亲属猪父是龙

田园地土知君有　不在等间寻常中

屆祿　大運行來到子宮　心內熬煎主不寧

居偉　夫君若不生疾病　家中小口要悲啼

復禽　八字若是逢丑運　必有凶星在命宮

前容　夫即若無災疾病　己身已定不汪容

客詞　流年行入巳宮为　災殃禍患不安寧

若不急々祭星斗　夫即豈得保平安

寅運行來到東方　過此必定有災破

夫君若是不旺相　恐有不測要隄防

夫運数定北方水　過此五年主不祥

小口常々有災惡　夫男作事又后悔

渾陰

記光

全真

迁起

大定

大運行來到末上　口舌災殃主不寧

小口有病要隄防　間事間非要相讓

運交子地大不祥　逢著此運主不昌

除非過著貴人攝　然后徐得姓字香

丑字五年主不安　口舌是非疾病纏

若交此運無疾病　必有陰功暗中藏

寅運五年主平平　已身難免不生災

若求安散並禍去　必定轉迁始亨通

卯字五年主刑傷　諸事難求定著忙

若要時平之時過　必交下運始不惶

谷輝

卯運行來定不通　逢之五年主平之
若不急～榮星斗　夫男災禍定主凶

高詞

運行辰宮主平之　五年之内大不祥
夫男若無是非侵　自己身必主有疾殃

佳期

八字午運入火星　自己身中主不安
夫男是非口舌招　必須禳榮主安然

織帛

酉運原數西方金　逢之百事不趁情
已身若是無災難　夫主口舌定然有

歸詞

戌字五年主平之　犬夫定然有是非
小口不安生疾病　禳榮方可保平安

容嗣　交運行來五年凶　主必災殃患禍生
　　　小口若逢災疾病　已耗之苦更不通

太迂　戌字五年多不順　君冝安分莫強求
　　　人口不旺主驚惶　除非轉運始滂通

回善　交運之內不趂心　尅害刑冲在其中
　　　若不急之去禳祭　必主災禍在門庭

秀定　大運行來到申宮　此運五年大不通
　　　閑事閑非莫招惹　口小災禍又重生

義存　驗君時數多刑尅　依親戚人定的真
　　　虽然自立其家基　窅寐懷相有恩人

有　已字五年主不祥　居家因時莫強求

知　若是不把神祇祭　必然災禍在門庭

亥　午字之中更难言　是非口舌求往緾

性　家中人口多災难　己身之苦更不堪

見　遇著酉字多生災　口舌疾病齋不安

心　欲求災消並禍散　一定累到下五年

每　八字生來不週全　必在寺院奉香烟

朝　魚然出家為道長　却與俗人一樣同

記　大運已巳命中臨　五福滿门趨心怀

先　已后寬心不必憂　家成立業遂意回

記先　全真　迁趙　大定　不旺

運交子字不堪言　　逢之此運定不祥

除非遇着貴人提　　然后總得姓字香

丑字五年主破才　　災殃口舌一齊來

若还此年無疾病　　必有陰隲暗中埋

寅運五年主平平　　已身难免不生災

若求安散並禍去　　必等交轉下五年

卯字之中犯刑傷　　五年之内定着忙

若涉運平無疾病　　必定轉迁始不惶

辰字所闗非尋常　　五年之内分高强

提然一旬無尅害　　合家大小必不詳

地去　則非　三席　月玉　寒傷

先天数定不相差　生剋母親家甚乏

推算母親葭兒佶　定就你命三外婆婆

先天定就有の丁　君家不是一毋生

雁行長江分東西　獨自發家始浮亏

人生八字不自由　親生母親命中番

父親在娶一継毋　必主雞命始相宜

詳推頭妻不是妻　必主雞命始垂緣

若要夫妻不刑剋　合來詠是垂緣雞

人生八字由天定　必定要主合分開

　　　　　　　　前世燒了頭断香

別人品有一双親　你今到有三个娘

二分

雁行長江命犯孤　　兄弟三人不同母

一生福祿皆有望　　定主你命大亨通

運至癸酉福重添　　望喜浮喜家門昌

添喜

巳酉瀟堂金玉貴　　老來安祥福壽康

神數造定命不強　　早年刑父丞妨娘

若是慈母不傷剋　　必主一定往他鄉

坤兆

兄弟三人望長江　　數定同父不同娘

吳越風景如永狀　　一生父母魂來隆

地齋

八字生來不非輕　　先天推你犯刑冲

重堂

合來合去命不強　　箅君必定有后娘

亘利分

式　生　己　神　中
好　才　酉　二　云

五雁兒過南樓去　　　　数定你命不為奇
兄弟同父街前站　　　　不同母親定得真
雁過阌山老路遠　　　　分兒別蒲有誰知
魚然吳越知音火　　　　兄弟三双不同娘
女命生來貴富真　　　　先天定你不差分
聰明伶俐心性巧　　　　財帛綿綿有餘粮
数定女命進財生　　　　一世悠悠享太平
助夫具家多矣慧　　　　夫荣子貴顯門庭
大運行來到戊子　　　　戊土子水旺夫主
一去十年皆通太　　　　家中人口赤主冝

大異

十二

贵元

八卦合來有七丁　君家不是一母生

一生福录前以定　荣華富貴各自吴

数算子息有几个　生來四子有清衣

君家積的阴德好　中有一个貴人持

初運如日出雲端　好似仙童下九天

保守全憑食神佑　春秋多在慕雲间

邵夫子先天神數 離部

孟示　　裕后　　裕馬　　姻緣　　光前

命有血光并懸梁　妻宮膏别見刑傷

急須禳祭莫煩惱　不解不送又遭殃

綠楊枝上子規鳴　人生有后百事齊

子宮若得屬鼠相　定有前程不可移

父是屬猴先天定　龍母生來大吉祥

生你一身同欣慶　后代家業自然昌

姻緣前生天已配　其妻原屬鼠相生

若是生來有帶破　兒女福祿百年臻

庭前春草正芳菲　人生貴子把名揚

子嗣若得金水相　光前裕後富貴郎

邵夫子先天神數

刑經　此命申時主有尅　父母宮中定有害

中年　若是父母不相尅　必主自身有帶破

文何　此是毋父分身下　家道興隆百事昌
　　　你是孟冬閏月生　節應小春二十六
　　　父是屬虎母屬牛　一生幹事得自由

湏草　壽如松栢同不老　衣祿一生不必愁
　　　萍月初八是生辰　閏月生來主無移
　　　双親堂上同欣慶　瑞雪紛紛滿門庭

數定　天地人原分五音　陰陽奧妙果其眞
　　　子宮若是大土命　必然鸞宮數無更

病　有　啟　白　可
身　命　后　虎　欣

嗣續美惡定先天　人有妻子姓名傳

屬兔兒郎前程定　堪羨燕山教子賢

今日白虎入命來　合主見女今；懷

見生見死难得济　不觧不破土中埋

暑往寒來永不息　夕陽橋下水東流

于宮屬竜身荣貴　前程永遠人皆欣

父是屬兔先天定　其母必然是屬竜

前世姻緣相酏合　末運喜得太亨通

命中犯着埋見熟　除非破送得安康

过房二姓安定準　火后許你立田庄

尋常

你命必是丑特生　十年憲下苦用功

胸藏五車書萬卷　一舉登科便成名

比例

先天數定丑時生　八字合該足豐盈

若到午未年間運　功名顯達人人欽

晉江

八字若逢寅時生　功名富貴福祿齊

太歲臨來到未午　金榜題名天下聞

汪洋

人生八字前生定　乙日丑時是生辰

問君功名何日遂　午未年來振家聲

海波

神數先天定的真　八字註定貴無移

流年運行到未午　一舉成名天下揚

馮覽

陌守

無境

難听

善姓

丑特生人定五行　　　　　双親恐怕有刑冲

若是丑正須帶破　　　　　丑末必主父母亡

先天定就姻緣簿　　　　　妻大大夫四十年

此数先天已定就　　　　　只等歲月兩團圓

此年是閏十一月　　　　　二月之日降人間

命中若有吉星照　　　　　末運定主有餘粮

八字従來生前定　　　　　多因前生不修緣

耳內不聞六律音　　　　　為人不的体周全

丹桂堂前長異苗　　　　　子宮属蛇志氣高

註定此子前程显　　　　　光前裕後是英豪

坤育

甲申運中主閑散　富貴榮華日滿墻
竜入江海生頭角　虎入山林志量雄
八字乃為前生定　你年四十四歲正

所云

天降麒麟生瑞氣　他年必定換門庭
父母宮中生前定　父屬羊來牛母親

謂常

如是辰時無剋限　后代兒孫衣榮錦
註定父親是酉宮　母親原是屬竜相

施卿

生來衣食常常足　德性溫良量宏寬
妻命原來定屬雞　一生帶破始相宜

俊浮

如是本身無帶破　只恐壽命不得齊

濱陰　　此命生前合帶殺　　主定今生命主談

增命　　分明身上有瘡墜　　若無必定痔出來

孤神　　先天數定辰時生　　不是妨爻定妨娘

三星　　父母之宮不刑傷　　辰時不正主自亡

乙秋　　命中相犯一孤星　　寅卯辰畔見己冲

數定尅妻難為子　　重重疊疊配妻宮

子息宮中天生定　　君今堪逢發福星

君家三十有七歲　　主生一子后榮昌

算君父親屬亥相　　原來屬竜是母親

生來一家無駁雜　　一家安樂值千金

飛昆

数定你妻是属龍　除非帶破姻緣成

生前命該如此配　治家立業自興隆

寡宿

女命生來犯寡宿　虎兔龍生朧月中

数定尅夫又刑子　不解不破一塲空

八字卯時先尅父　四刻必主母先升

六合

若是父母不刑尅　自身必定有刑傷

命中貴子論根源　前生今世非偶然

有為

子宫午位前程显　逍遥自在楽清閑

前定君父是属蛇　算来你母是属牛

能為

一生衣禄終身足　合家和合度春秋

如分

知君該是閏月生　季冬生辰是十四

趨魯

鵝毛片片雲滿空飛　此是君家降生特
你的八字當如此　包乎口吻合不來

能見

雖然不是大帶破　也是一身不可灾
芳草逢春分外香　堂前桂枝是屬羊
算得此子前程數　錦上添花富貴郎
今生女命帶刑傷　數定白虎命中藏

右凶

算來魁欠損子息　不解不送主命匕

廣聞

春來花發向南枝　子宮生來更出奇
此子如是猴年生　前程在世定不虛

典稟

命該屬兔是君妻　必有帶破在其身
若能本身无帶破　主定二人有悲傷
父是屬鼠恩承重　方知屬意是母親
合成一家團園会　方信三元定得真

秀言

妻宮主定是羊相　微有帶破在其身
此是前生已定成　算來由命由不人

遷影

數定八字永无差　今歲過着撞頭煞
也是合該生疾病　除非斬送可脅家

冠帶

前世配得姻緣湊　其妻生得身之瘦

妙形

生來命裡当如此　此是前世配合定

別体　　終清　　光雍　　不制　　姑別

先天數定父母宮　雙親屬牛兩相同

后代子孫多聰俊　一生衣祿大亨通

數算父母是仳相　父是屬馬母屬龍

一生衣食知常足　后代子孫必興隆

姻緣本是天合定　妻宮屬蛇卻有緣

若非此相相能合　定生宴殃不刘頭

先天神數已算定　亥未二相是雙親

父母如是尅盡去　聲名四海皆知聞

八字四柱有刑冲　皆因前世无善緣

其妻必定有帶破　若左帶破主偶殃

後英　爻見　耄耆　口鼻　性敏

八字寅時不相當　寅時四刻娇爹娘

如是父母不相尅　自身必主犯凶亡

神數先天定得真　福氣天然喜自臻

子宮若是雨年生　宜主前程在命宮

知你生日是閏月　季冬初二是生辰

劝君不必多憂慮　末運必主大興隆

多收微：有帶破　鼻中氣息不相通

八字坐定当如此　數中前定前定真

永水青山在世間　先天合數論陰陽

推得四柱多奧妙　生子屬狗前程卲

高啟　欠刑　骨術　志高　攜厄

命裡數逢羊刃煞　其妻必主尅妻二人

前數就定該如此　後代必有好子孫

問你妻宮你才貌　貌：身才最堪誇

若要看他高位處　一世豐足有餘糧

未特生人多不順　慈母必主早先亡

父親若不先尅去　雙親必定有刑傷

卦合先天數斷真　推算四柱論根原

時刻若是逢正位　生于亥年屬猪人

仲冬逢閏十一月　二十六日旦生辰

劝启必須行善事　積善之家慶有餘

初刻七合

戈　死　知　禁　繹
云　骨　方　舌　其

你父原是雞年生　　　方知屬牛是母親

生時若是無破害　　　一家和合度春秋

一冊近香不言傳　　　前生未曾作妻緣

天數合該是如此　　　今生有口不能言

芸然鴻雁空中舞　　　先筭二人你居二

終沒洵堂金玉貴　　　爭春梅景有餘年

死骨投胎宴可偶　　　三同五穡惱入腸

養得二三並五歲　　　忽然出腐見閻王

辰時生人主秀氣　　　不務孔孟務搖吳

亥午暫且入津宮　　　卯酉定作棟梁人

硬目

　　四柱生來八字差　日時俱破深嗟呀

孝台

　　弟妹芸招都赴盡　不傷父母赴自家
　　數知君年四十九　其年生子安且吉

同子

　　諡今喜事果臨門　福祿榮華自然增
　　妻宮命合屬豬人　配合定是代破身

童頭

　　此命若是無帶破　必主災星禍患臨
　　數中着你姻緣薄　命裡合該双妻身

鬼雲

　　不肯商議為活計　終日有事為宣難
　　芸然四柱無刑赴　其妻必主貌醜人
　　勸君不必去嫌他　此是前生數定真

邵夫子先天神數

合意　篤即　之儀　文遇　疾病

亥時生人有刑傷
雙親必主不能全
若是父母無尅害
毋親必定尅幽冥
數中推你姻緣事
其妻必主美貌人
細察身子面如玉
后生貴子立家門
試向父母宮中事
神數定你卻如神
戌父丑母天生就
一世稱為賢德人
福星高照事多奇
數算命中有三妻
各人主事難為準
三人后來雙鳳亭
五行命中有刑尅
為人多病不能全
豈然无瘡在頸上
行步又加腿上疾

窮相　　絶嗣　　尅遇　　惆悵　　得福

命中丑父前生定　母親原來屬竜人
今生一家來聚会　一生衣录自然豐

数定属狗是你妻　必有代破数主宜
命中合该此配姻　若还別相两分离

前生配合姻缘事　生死命中不得齐
先天早已安排就　命中必定損頭妻

昔日姻缘配合特　頃知羽翼不相宜
妻心時：嫌着你　你心却也嫌着他

先天数算伊特降　推定成特生你身
若是父親不尅去　母親必主赴幽冥

主行　怵事　風吉　錦裳　鐸損

数中生尅難定奪　先弟生來有幾人

雁行三個久上下　若有是愛主有刑

命中父鼠前已定　慈母屬牛定的真

人口資才六畜特旺　家緣吉慶萬事亨

數中著你姻緣事　原來娶下五房妻

夫婦配合生前定　先天數中已先知

流年正當七十歲　此運逢之必主吉

廢人當之進財寶　官人遇之加祿職

八字前生數已定　今世生來尅無緣

為人身有帶破形　必主十指不過全

初彰

算你夫朗定屬猴 必有帶破在身间
原來不是十全人 伍妨相守过光陰

平安

鴛鴦攜手上江濱 夫妻同是虎年人
斷弦鴛水命非火 接續應合己與辰

婚容

貌賽嫦娥西施女 容顏可稱第一人
風流賢良無可比 可爲后代子孫荣

憎命

辰時生人命有尅 父母不宜在高堂
若是父母不尅陷 自身难免無灾殃

七十

鴻雁空中望瀟湘 多飛南北思故鄉
昆中二人你爲末 江外芦花有餘粮

爾剝卞

清酌

数中命犯单鱼星　三元数内定得真
生到闰年十二月　二十八日降其身
年月日時齊父胎　當年合有災殃形
為人面上無鼻子　若無代破主灾此

蔓月

三元

天福

諧笑

雁过空中自應明　昆仲兄弟有两个
数定你命居為二　若居别宫必有刑
数算你命伍時生　毋年二十有六春
少時當有小灾难　过十方得放心原

厚　　兀　　湫　　過　　雲
福　　早　　明　　文　　祿

你命原是酉時生　其年父親有遺疾

若是父母不相尅　必定自己一身己

禄旺食強此剋生　逢到未年定有慇

子孫梨園酒肉美　汝在家中憂其心

卦中定你父屬馬　母親屬牛是前緣

一生衣禄天然厚　一世不虧別人錢

命中合主有吉祥　李冬閏月生身体

臘月二十無後那　一世長久足豐盈

大運行來壬子臨　福壽延○　主亨通

家門康泰人口旺　吉祥如意度春秋

今世　色余　天仙　士之　暑行

流年行來六十八　　其年必定犬不祥

尚疾纏身人口病　　六畜棚下六遭殃

運行流年六十八　　添進人口可增加

三六九月更加美　　求財謀望大榮昌

秋風鴻雁飛過鳴　　空中雲外相应聲

兄弟二人你居一　　后來富貴换門庭

算君父是猴年生　　汝知母親是屬牛

一世生來无尅害　　一家和合同相守

三元定父虎年生　　知你母親屬章人

生來一世無尅害　　一堂聚首百年春

秋仰

八字誽来天生定　問你原是几时生
其年是闰十一月　一十四日降其身

没茸

多因前世不修福　今世生来无耳朵
命裡合該有带破　前生結得好緣羅

合主

運行七雨過新春　福氣天然喜自臻
十年无阻添吉慶　四季平安享福承

清風

五特生人主有妨　双親不宜在高堂
若是父親不刑傷　自身必主見阎王

迎门

春風鴻雁过南樓　排列居一居自香
一竿英豪風光好　各自之家之衣粮

正刻奇

趙祿

父親生来是屬狗　　後知母親是屬竜

元命日主垂赴害　　求運必主大興發

眉齊

子对生人命最強　　一生衣祿百世昌

君家原是老農人　　萬石榮華壽无疆

四相

算你妻是屬童人　　其妻必主代破人

若还妻身垂帶破　　福祿財帛羣其身

隹人

姻緣本是前生定　　八字必赴两房妻

三个方絕得定準　　晚年相守得眉齊

啡病

前生算你妻宮事　　其妻定主有眼疾

若是此身垂帶破　　怀孕必要損其胎

獨身　逞光　峯高　末姜　端疾

数定父蛇母属龍　　三元之数定得真

生来一世多旺相　　衣祿財帛自然臻

算你妻室是属牛相　必然带破在其身

若是妻宫无带破　　親上做親兩三廻

命裡合该二個妻　　若无代带必損多

不相商量為話計　　終日夫妻不相和

已忖生人爻秀氣　　馳馬射箭威風颭

泮水池上得意志　　運至子午中魁名

八字生来前生定　　一生由命不由人

向你先弟有多少　　孤身独自一人身

心　音　孫　口　室
謹　謚　滿　異　三

子財生人命不順　　雙親必主有刑傷

若還又親不先亡　　必主母親命歸天

父親必是屬猪命　　原來屬牛是母親

一生衣祿且和吉　　一世招財不受貧

八字生來前生定　　推算原是閏月生

生在十一月內間　　初二日期降其身

生來話語陰陽亂　　命中一古婚事挫

其中合主有帶破　　必然主定語言結

此就合主添福德　　所謀幹事趁心怀

竹引六十單一歲　　財源福祿自然來

天數　望在　勿絞　立到　無聲

八字乃為前生定　一生由命不由人

別人只有一个母　你今却有兩个娘

數合父親卯年生　愆母定知屬牛人

一家安桌同欢慶　福禄增加百年春

命犯狗絞不堪言　常被官事又丟錢

爭坐百年閑事至　口舌事非多牽連

人生午時得正氣　大陽中天照九州

亥水暫入魁宮裏　魁元只在于酉秋

三元定你母屬牛　若問父親甚屬竜

生来一身无魁限　晚来衣錦自然增

化為

生母屬龍父屬羊　一生主定安且吉
老来必然添財帛　一家和氣更吉祥

必定

辰時生人田地人　農事庄稼百事成
家宅人口多老泰　萬石崇華喜生春

来有

未時本是過半天　家門吉慶萬事来
先天之內算得真　你命原具庄稼人

客靜

算你妻宮是屬馬　恐怕代帶有些傷
若还此身无代破　必主少年早夭凶

章句

命中官祿生未有　娶的娘子八个人
縱然身子无官爵　倉庫之內有金銀

泰神　　午时生人命不强　父母必定犯刑伤

　　　　若是父母无尅害　必主母親早先亡

然而　　寅时生人半夜间　一世發達財帛来

　　　　你命原来做耕田　萬石富貴家道財

命通　　时正刻明算的真　先天数内定你生

　　　　若是此身无病疾　必主梨园享太平

華盖　　命運華盖火人知　呈前月下会佳期

　　　　禄馬随身酒肉有　破解造命荣自及

賢者　　丛时生人一世荣　萬石荣華喜氣新

　　　　算来君家是農人　后代子孫贯月成

擁野

明筭

智慧

並立

見哉

人生一世皆天定
父母二人俱屬龍

一世順利去赶賽
萬事從心天福亨

人生八字皆前定
算你原其老農人

八月中秋皆收去
萬石榮華妻自臨

一對鴛鴦兩散開
半路夫妻不相見

前世積的陰德大
一輪明月轉間來

試有姻緣事若何
知君該有四方妻

一生為人多智慧
到處自有好佳期

未時生人性主偏
不向孔孟欲掾笑

流年弊入泮池內
黃牛去頸耀童門

危扶

已衬生人有凶害　父母必主不的全

内定

若还父母不刑尅　难免一身不生灾
先天先天不可移　此列生人数定排
命有禄马那是贱　应该公门掌案人
人生八字皆前定　算君独自是一身

列脉

向你先兄弟有幾人　后来还该有两人
此乃前生数内空　闰月生人必主专
向你原是甚时人　小春十月二十日

立買

八字原来前生就　君家何月是生辰

沐公

原是仲冬十一月　初八之日閏月生

正刻寄

繼續　不乙　数还　明日

良馬奔馳萬里程　父金母土事多明
木命佳人水火子　不合此数必要刑
卯时生人妻無边　君家原未做店田
裳財發福祿自来　萬石荣華收成来
已时生你是店人　一世荣華禄录课
萬石富貴在家中　滿田五石由你耕
名利場中显風光　父金母水配鸳鸯
若是生人时刻正　土命佳人自成行
午时生人福自強　庄農耕田天下同
君家一宝發录生　一妻一柴滿地春

運見　你命原是申时生　滿田富貴一家荣

東西　千萬石梁食在家　原是你命嵩財華

大治　亥时生人志氣生　發財嵌福在你身

　　　滿田崇華善自臨　萬石五谷家自成

　　　八字生来戌时人　庄稼原是天下同

　　　家宅人口多吉泰　五谷祿粢家道成

勾陳　酉时生人命主強　農事喜氣百事長

　　　萬石荣華福為岡　家宅人口發田張

正一刻分

神吉

初運紅鸞入命來　主添人口又招財

若無婚姻並喜事　更無孝服入門來

邵夫子先天神數 坤部

心一堂術數珍本古籍叢刊 命理類 神數系列

飛花

四柱數內安排定　風吹姻緣近難成

隹音

命中該嫁百里外　往來相接禮彌隆

天地循還有誰明　先天定就閏月生

九月十二生在世　母子方得兩安身

魯皮

非文非武非廢民　居官享祿人自欽

腰懸爵祿榮宗祖　不是等閒一樣人

數定月下星前去　必是風流子弟人

念堂

貪花戀酒並好唱　文結鴛鳳俊俏身

聰明俊秀一君子　巧言利口動人聞

名利

出入鄉中能遂事　公平正直無私情

襄漢　陰酉　勇敢　凌紫　明遠

出入言語皆古今　　唐宗漢帝畫精通

今生合該憑目患　　詞音宏大有人聽

命原八字皆前定　　今世心明是女身

妙手醫人救性命　　疹瘝瘡疾可安寧

已時生人數定真　　五行失令陽成陰

剛刀割斷元陽氣　　可在朝中作內臣

數定先天八字因　　降生閏月定無更

誕衣正月十三日　　母子分身兩意通

姻緣相配非等閑　　夫郎必小十一年

大小皆定前生數　　斷非人力可移為

知攻　杳一　四詔　百志　惟秦

數中定你何日生　十月十八是生辰

月德相照閏月內　清閑自在百福臻

數定何日是生辰　二月二十五日生

多喜閏月來相照　一生有福化吉禎

運至丁亥得意時　榮遊泮水好佳期

洋乙巳遂青雲志　福祿峰嶸喜自宜

先天數定何時生　八月三十定得真

若在閏月生身體　一世衣祿有餘欣

心中多亂又多淉　想是桃花浮水人

忘酒貪花並臥柳　你心偏愛是新春

節伏　　威權　　桃容　　貪結　　芋莫

命中合該學醫道　　百般瘡疾君皆通

能針會砭妙用藥　　治調男女有神功

本身虹□反陰陽　　志氣昂匕性最剛

挩然不登就席榻　　也是朝中一忠良

八字姻緣前已定　　夫郎必定生得醜

數定不必你嫌他　　先天定就無移走

知你必是閏月降　　合主正月十七日

母親此日生你身　　數定主你有衣祿

運行戊寅必顯荣　　泮池得意入黌宮

行止語默人儒雅　　胸懷磊落志豪雄

春闈　霜舖　第莫　再嫂　入里

運入巳卯喜更添　榮遊泮水丹桂攀
合浦月明珠有媚　藍田日暖玉生烟
算你必做人中物　生來合在相府間
出入遊走天下路　使遍世上人財錢
衣時生人事不齊　何愁父母懷分離
空與美人同作伴　富貴榮華在艮時
數定尅去頭夫主　后嫁必是屬鼠人
姻緣前配相等待　數合方合一家人
前夫主定已冠去　后嫁屬猴是夫主
先天誰能知此意　八卦定來該如此

地坒　皂門　纵夫　鳳鸞　懷使

手拿扇鼓咚二响　神話説得句句真

別人有病來請他　送神除邪你能通

命硬尅去頭夫主　後來必嫁屬狗人

不知如何知此意　神數算你如通神

妲緣前數已主定　合主今日作夫妻

你夫必定有前程　皆是數中已定就

數中定你何日降　二月初七子見娘

合主喜得有閏月　酒知清開在高堂

八字照胆新奇數　先天妙理可通神

算作必是閏月産　十月初六是生辰

門　三　月　寒　体
人　占　邑　潘　泉

数定你是風流客　終朝每日在酒街

人生三盃和萬事　一醉定将千愁解

前定八字要尅夫　后嫁属雞方長久

别相定知難保守　這叚姻緣天配就

夘時生定得人真　原來陽体是陰人

雖然未筶就厓榜　也在當朝伴聖君

数中問你何日生　三月初七是誕辰

八字若有閏月字　福寿綿ㄥ自亨通

先天定你何日生　八字閏月数無更

原是八月二十四　母子相見日又明

藤轉

運至丁丑見嬋娟　青雲有路桂枝攀

戊癸

春到洛花似陽錦　暖回寒谷草如烟
戊興癸合主聰明　少長無情冷似冰
面軟心慈多仁義　恩人世及成一空
八字不做朝中客　一朝終為宰相才

家客

全凭一隻神妙手　蒼天陸地似神仙
人生世有何能事　善治騾馬如通神

師走

賢良遠近衣祿有　鄉間又會驕駑牛
數中問你姻緣簿　大郎已定小五年

和程

皆因先人对付就　福祿榮華俱兩全

一卷　寶有　太光　占東　榮顯

算你生辰是何日　　正月二十五日生

數中連着有閏月　　福祿康寧四季亨

問你何日是壽誕　　生在九月正端然

數算必是閏月降　　三十生君積善緣

先天定君寅時真　　也作皇家衣祿臣

雖然不登科甲籌　　宣是尋常一樣人

數定你命亥特生　　小人不足貴人嗔

身犯王法監倉坐　　命定合該中年逢

丑時生人最為良　　禀成男胎反陰陽

常興美人同作伴　　腰金衣紫侍君王

寧畜　饔飡　伸中　影時　有心

今歲月令本天定　二五九月主不寧

半吉半凶逢十月　十二月中主亨通

你命八字通天下　推作相士以明人

遊走九州並四海　到處自有貴人欽

數中定你何日降　八月十八是生辰

推算必是閏八月　今世缺有幾人通

運行流年三十四　在家多有憂愁事

大運小限皆不美　必主凶音不日至

妻宮行年四十四　合主生得一子至

君心喜得事已通　吉慶迎門多福祉

連白　水火　立喻　膝屋　輾轉

自從君家立身后　財帛自來何須忙

皆因你是卯時産　合主監倉心內慌

因你心橫損人事　自然文星相墜去

從今要君結善緣　后日子孫名可繼

君問勤功無孤疑　一潘落室一番喜

前途遇馬可接引　急力倚伏莫待遲

君命註定戌時生　財來財去自崢嶸

此造合該監倉生　家中人口少安寧

你八字赴去前夫主　后來嫁與屬馬人

若还不是屬馬相　必定輾轉又受貧

長夫
就虎榜上恨無緣　壯士難期辱錦還
運逢顛險成虛話　猴雞逢之必顯官
英年早已入洋宮　文星不露科難登

驗收
惟雞狗歲相合處　身穿紫衣榮祖宗
子時生人定君親　亦為皇家紫衣臣
雖然未中科甲第　五行失令陽反陰

坐奇
運行美地桂枝榮　丙子運行遊洋宮
初入黌宮多得意　猶如池魚化成龍

天光
子時生人命中乘　骨肉無情難聚財
中年合主監倉坐　出入錢財化作灰

除害

命中赶去前夫主　再嫁必是属羊人

先天已定姻緣事　別嫁主定缺子宫

数算八字已定就　其妻必定是鍋腰

怕人看見難使禮　帶破相見壽必高

数定三月初一日　那日生你在世間

若非閏月降身体　安得子孫亨長年

奕時生人註先天　数中定就主安然

玉帶朝衣為内侍　喜得逢君觀天顏

與人命中推禍福　吉凶一課定存亡

八字前生斷得好　出入得失盡知詳

感戚　　玉知　　剪刑　　永訣　　宰朝

酉時生人難靠人　　親者如同陌路人

貴人見喜小人惱　　中年合入監倉門

數定趕去前夫主　　後嫁必是屬豬人

此命亦是天排定　　皆因前世造得真

今世前生已定就　　內外方脉知君臣

藥味百般心自曉　　調治男女有神功

數定二月十三日　　此晴原來是你生

生辰若是閏月者　　合主家榮資財興

門你果是何日降　　九月二十四日生

推算必是閏月者　　此理乃定前世中

孤輪　陽現　下脫　式曜　爻家

甲申運中正遇春
榮遊泮水巳遂心

門庭改換家聲振
文章舉選畫堂中

數定戊時主有傷
稟來陽胎却非陽

雖然不中科甲第
也是皇家一棟梁

丑時生人難相逢
骨肉無情衣祿豐

命該中年監倉坐
合家大小憂悶生

先天定就尅夫君
再嫁必是屬就人

和合相守享福祿
夫婦團圓百歲春

四柱乃是前生定
一生定難結婚姻

夫郎離別不相聚
彼此兩家合換親

灯火　　永龍　　尾箅　　獸炉　　歆取

數定二月十九日　此日母親生你身

方知閏月有福祿　合主中年有苦辛

論壽定以數中見　八字推來有貴神

知你原是閏八月　註定十二是生辰

運行癸未主榮華　泮水初遊錦上花

露把丹桂香飄遠　雪映寒梅色更嘉

不知幾時總立子　妻宮行年四十三

此時立子雖然晚　日后相賜列朝班

胎元合數貴且榮　天狗入命壞体形

雖然未登就虎榜　腰金衣紫伴真君

照德	重因	年嫁	柳事	己权

趕去前夫數已定　再嫁夫主蛇相人

一生不愁衣與食　后代必定大興隆

姻緣數推前已定　算來必是有福人

姐已入黃泉路　與你姐夫作續親

數定正月初一日　新年節過身受生

八字原是閏正月　母子見面晚來生

閏二月中初一日　此時主定生你身

一生不愁衣與食　忠孝為人福祿增

先天定你何日降　知你必是九月生

原來此造是閏月　十八生你離母身

由　影　果　長　蘆
誦　時　言　筍　軒

壬午運中名定成　超群拔萃志氣雄

初遊泮池柳色綠　一場春雨杏花春

運至乙酉喜家門　堪取攀蟾折桂人

蛟就泮池初得意　不精神處也精神

酉時生人數定真　天地交合陽及陰

剛刀割斷元陽氣　近君又為紫衣臣

太歲相沖在命宮　幼年主定有災星

生你原是閏九月　初六生辰定無更

運行辛巳喜家門　堪取扳蟾折桂人

蛟就泮池初得意　不精神處也精神

魯定

運至丙戌旺家門　定作儒林遊泮人

撥開天上雲千里　顯出當天月一輪

談論

神數定你�🈡目忠　一生衣祿足用人

君家有何妙生理　排詞談笑說古今

八字皆為前生定　風流子弟逞蕩人

曜內

錢財盡行都使淨　此時只落兩手空

八字命裡軍權重　數中定你逞威風

管用

眾軍心內皆恐懼　號令森嚴誰不從

先天數內定不差　財帛往來難聚家

水外

命該中年監倉坐　申時生人合絕等

蔓统　卿莫　纱席　双酒　白陈

自幼損陽暗傷情　　申特生人主壞形
雖然身居官宦位　　將來無子送君終
数定慷慨先天造　　言語欽肅出衆人
卿中有事為頭目　　凡事大小都盡心
庚辰大運最為吉　　泮水得意超羣人
陸地潛就初得水　　風清月朗氣象新
定你十月十二產　　此時主你降人間
如此必是閏月降　　新人接近数魚更
四柱生來最清明　　不可急己問前程
且向寒窓守志氣　　猴雛之歲透官星

姿冶　拾掇　半知　鼓鑑　昇坐

數定你心多淫慾　　花街柳巷人見親

惜花愛柳難早娶　　他人愁悶恨更長

八字原當做女道　　今生衣食福祿康

心中長已愁不足　　合主與人做偏房

巳時生人难相逢　　親友淡亡似水冰

中年合主監倉坐　　不受苦刑后日榮

天生造化富貴連　　登雲走月最為难

猴雞相逢聲名遠　　興日定許見君顏

合中定尅前夫主　　撿你姻緣數內尋

先天造就不差錯　　後嫁必是屬兔人

超婚　　契衫　　禁瘤　　乙木　　陰右

姻緣大數前生定　一生衣祿自清高
自身原當招夫主　捱然嫁出壽不牢
八字平生多慷慨　閑來無事入酒鄉
每日酒醉兩三場　要想月中丹桂攀
終日寒窗對聖賢　留得芳名名久傳
一生不愁衣與食　獨守孤燈自主張
猴雞之年官星顯　終日穿宮伴帝王
未時生人最為良　不作善事不敬神
割斷陽元為內侍　原來此命是婦人
今生命該一目患　數中推得如通神

陰属　相準　悵惆　三千　右谷

夫主一定先赳去　　后來嫁丫属牛人

若是別相配不上　　还主夫妻不安寧

前夫数算定要赳　　再嫁属兔是姻緣

先天推算合如此　　别相主定不到頭

未時生人財帛清　　悠门相伴貴人逢

監倉之内君談坐　　君家人口少安寧

数定正月十九日　　生你在世離母胎

知你必是閏月降　　推算清高不差移

八字乃為前生定　　今日合主面上笑

必是兩目艱难看　　双眼患疯步难挨

心一堂術數珍本古籍叢刊 命理類 神數系列

我觀

命中之數巳見詳　先天理路自芬芳

統領

若欲仔細推中後　須問流年指上揚

人生稟命前已定　八字數中算得真

除邪看經並斬鬼　算你必定是端公

命中不減半分毫　先天推算在陰功

可推

若問流年凶與吉　須求指上仔細明

你命生在午時內　諸般好做難到頭

中年合該監倉坐　不必憂煎貴人臨

諸好

一生降神並送鬼　衣祿坐用作生涯

武孤

合請諸神來就位　端公有名鄉村家

利益
八字合主前生定
一生衣祿自分明

坤倒
欲求合算凶與吉
須在流年仔細功

進學
八字合主前生定
今世原來不氣長

一個俊俏風流女
嫁與財主作偏房

晚年
命中財似三春雨
又如秋後霜降天

財銀東來西又去
多成多敗幾千番

八字之中不須疑
先天造就理先知

欲求年月推先後
須於大運仔細思

艷色
先天神數已定就
記得時真命也真

少年主你命該死
不然與人作偏房

初刻主考

高鱼　進香　笑臨　雲峰　閑吾

推君月下星前去　此命原來不差分
欲知日往月來事　須在流年大運中
数中衣祿生來易　財去財來不用忙
你命已定清閒福　每日終朝在賭塲
八字乃是前生定　君為輕財重義人
錢財雖然存不住　命中至老不受貧
日往月來自當疑　然此不在命中推
流年大運君頂算　仔細之中詳可歸
推君月下星前去　一生心欣不拘錢
花柳酒色為生計　歌唱吹彈賣俏全

柳百　柳葉　志心　鹿鳴　不當

八字數中前生定　今生愛色會做人

定你星前月下去　花街柳巷人皆欽

緣種百年濺白璧　姻韋千里寸紅綠

三十七年稱二妙　燕爾新婚今在茲

寅時生人不相當　正直無私逞豪強

中年坐監命數定　合主不必費心忙

今朝光射屏中雀　他日名標閣上麟

三十八凝書月彙　合爸處錦熙花林

合主命逢衣時生　財來財去主不平

造定中年監倉坐　家中人口少安寧

而列十零

眵还　　排跳　　應香　　柳还　　梅流

問你子息有多少　記得時真命也真

送終只有三個子　善惡到頭也分明

兄弟行中倫次排　他人無子輪得挨

内有一個過門去　八卦推算命必詠

人道君家生意好　數算辛苦惹煩惱

賭博場中日日去　雖然贏來不為巧

數定子息宮中看　兒郎不知有幾人

分明定你有兩個　送終只有一個真

郎君下筆驚鸚鵡　侍女吹簫引鳳凰

屈指其年三十九　椒浮合巹吉星長

紅絨　月還　吹簫　鑑照　並蒂

同心永結團圓彩　並蒂長開富貴花

不惑之年門似彩　七香車擁引紅紗

仙郎不知有幾個　算來時真命也真

挽然命有三五子　主定一子送君終

時值芙蓉熙錦帳　情聯琴瑟咏關雎

畫屏射雀成雙璧　四十有一再無疑

寅時生人命中諍　中年合主入牢災

遇龍逢虎無妨碍　难免刑杖得自飛

畫蛾彩筆點新詩　吐鳳雄才成八議

四十二歲百年芳　梅有流籟欣雙貴

初刻壽

初低

初交之運未全成　時與時敗未為榮

流年倒煞身不刊　道云童年不為凶

邵夫子先天神數　巳部

承流

三元數內無虛言　看來卻是一神仙
讀書之福不得濟　幹事猷為肯上賢

懸青

數定屬鼠是你父　方知屬猴是你母
一家安樂為眷屬　此理數內真不悔

杏花

申時喜遇鴻鸞星　災禍臨身不咸凶
心高意傲存天理　一時火性不容情

照最

數中定你何日生　閏月逢之保安寧
定就三月十六日　一家衣祿足豐盈

好人

數中定你十月生　孟冬十月保安寧
閏月之期三十日　世間能有幾人明

正一刻

天月　立等　危去　見生　必惟

天月二德照命宮　水火逢之不成凶

九月臘月須大忌　破家失業人口驚

八字生來有貴星　今世衣福足豐亨

数定原是閏月降　十有一月初六生

八字之內有数星　馬牛秋冬主大驚

人齋財散家業破　也該常常拜斗星

妻宮大你有尅傷　火土方見子宮強

金木也知無刑害　晚年榮華福祿昌

子時生人更無良　一生有禍不成祥

一時火性冲天起　過后狼毒毫不藏

月中

人生在世無百年　成敗吉凶几般般
九十月内水火至　人口衰敗淚盈泉
數合丑時有吉星　過難成祥不成立

豐恒

心内剛強火性有　事過狠毒化為風
定就屬兔是你父　方知屬羊是母親

申吾

百年相守同偕老　一世衣祿足豐亨
母是屬羊數巳定　配就屬狗是父親

心日

松栢翠竹依然在　百歲光陰百年人
此刻生人最為奇　棄文就武入洋池

運昌

弓馬韜略名顯達　意氣揚揚喜自宜

龍須

三照

心芒

色前

飄忽

刻合八卦定真家　　　駐定妻宮主相刑

不尅水火方為濟　　　子宜水土保安寧

大運行來到壬午　　　出入求謀過貴府

酒肉隨我到震有　　　望喜求財任意普

四柱定就姻緣簿　　　此刻妻宮有尅刑

若是不尅火土命　　　子立火土閏月男

酉時合胎有二德　　　知應謀策有深奇

志氣剛正火性真　　　心無狼害仇不的

數定屬豬是你父　　　方知屬猴是母親

今生福祿皆前定　　　末至豐亨財又隆

消息

数合先天定得真　闰月逢之衣禄深

此相必是闰正月　十七生人主元亨

数定属马是你父　配就属羊是母亲

资财豊亨数巳定　今生到老有金銀

四柱姻缘前生定　难逃夫妻不赶傷

佳人相配金水命　木火見郎正相当

父是属虎数巳定　方知属猴是母亲

一生從来無疾病　至老定主有金民

寅時生人吉星扶　財散如同雪入炉

火性一時十分起　狼毒心腸半点無

山傾

体見

膈洪

演元

归歌　　亥時禀性非尋常　　逢凶化吉全無妨

人取　　口如刀劍心無毒　　火性雖有過后忘

有友　　數定二月十七日　　此日慈母降你身

　　　　若是閏月生身子　　必定獨自立家門

　　　　算你三花在命宮　　定然必是清閑人

　　　　原閏仲冬十一月　　詿定十八是生辰

　　　　問你生身何日是　　數中原來定是真

死本　　屬雞是父屬羊母　　衣祿堪積有金艮

　　　　先天註定生一男　　妻年方纔二十义

樂星　　見子若是金土命　　家道興隆自然吉

是程

　算你三月是生辰　十二之日吉星臨
　若是閏月生身者　父母一世得青春
　先天數内定得明　女命八字犯退星
　雖然你命無后患　取繼送終得安寧
　先天算你降世間　仲春二月初五天

星天

　算你父命是牛年　貨財福禄逢財源
　八字一世俱平穩　其母屬猴慈且賢
　妻命二十五歲強　榮華富貴兩俱全
　此子生來多聰俊　其年生得一兒郎

雲非

無厨

星芦

　　　　　　　　　　　　后来衣禄得久長

具秀

机展

奇兄

不盡

繳羡

幼年得子果稀奇　　將来兄弟有兩支

本身年方二十四　　此理決然無走移

大運行来到甲辰　　出門定然過貴人

衣祿常々多遂意　　一家康寧喜迎門

本運行来到東方　　榮遊洋水福祿強

文星蹇滯武星逐　　亥時生人和合昌

欲知父母是何命　　原來二人同屬猴

平生不作虧心事　　后來衣祿自然亨

命中一世定得真　　妻宮原來福祿臻

莫你自從娶妻后　　家中積玉又堆金

大蓬

七人

个我

夜空

落堂

算你父命是龍年　　羊母生你在世間

家財與旺終須吉　　別相定來不安然

閏月生你在世間　　二月二十三日天

命運一時無相尅　　家中欣喜得安全

卦中向你幾時生　　二十四日是生辰

卯年原是閏十月　　先天推算如神存

廣見星辰在命宮　　三元此理可依存

君子亦當燒香祭　　閏十一月十二生

君家行年二十一　　隆生一個好兒息

稞祭天地神保佑　　此子生來得壯立

成光

戌時生人合胎元　貴人見喜小人嫌
心懷正大無毒害　一時火性不可言

鶯鷰

大運行來到庚子　交闖出入得自成
儒生若是逢此運　必定脫藍換紫文

連字

子時生人最為奇　格局超群數無殘
先向儒門謁孔孟　後習韜畧入泮池

合命

先天數定已早知　雙親屬相數中推
母親必是羊年生　父親屬猴數相宜

相丑

先天神數夾人通　父是羊相家道亨
母親屬猴數中定　後代子孫入黌宮

咸光　　午時生人真不差　　貴人見喜人人誇

　　　　正大光明無毒害　　火性上來不可言

行远　　算定你父是前生　　只在妻门可立身

　　　　知你妻宮有手蓺　　歌舞羡唱最清真

呼先　　数中定你何日生　　闰月逢之保安寧

　　　　定就正月十一日　　先天数中定清真

老父　　数定狐疑有萬般　　闰月之期更無端

　　　　吉星共照十二月　　十八生辰真果然

　　　　大運行来到辛宮　　平安四時百福興

地位　　往前俱是好地位　　有灾化吉不成凶

咸星　　此刻生人武藝精　　榮遊泮池家道央

承光　　科星有分福星照　　孫吳事業定崢嶸

辛連　　大運行來到辛丑　　求財謀幹百事通

日星　　官星明達宜央旺　　福祿榮華自然逢

奏丹　　數合丑時在命宮　　志氣韜畧顯英名

　　　　孔氏家業無緣分　　孫吳事業入泮城

　　　　卯時天德居命宮　　災禍臨之不成凶

　　　　火憔傷人之懷恨　　心無毒害有人情

　　　　數定父命屬蛇相　　母是屬羊定真明

　　　　父母二相俱有祿　　一生有禍不成凶

可剪　異坤　凉秋　舡停　口舌

父命屬雞數巳定　母命猴相是清真

一生命定有福祿　必生貴子后日崇

算定妻宮三十三　此年生子降人間

此年必是閏三月　初五定是生你身

君今燒香榮星斗　一家和合保平安

父母在堂多歡樂　后日貴子換門庭

先天定你姊妹均　八卦合是五人成

后五本數不全母　若是全母不餘存

先天數定父母宮　父親屬牛家道與

母親屬羊生自是　一家安樂百年春

大運行來到甲宮　金玉滿堂人皆稱

五年亨通多吉利　下運吉星又相生

乙甲

寅時生人格局奇　不向孔氏貴自宜

翰墨通天泮池顯　志氣軒昂福祿齊

水子

辰時生人吉星臨　逢山只有貴人欽

意剛性傲志氣有　全無半点忌恨心

早次

向你雙親是何命　父是屬狗戌年生

慈母屬猴數已定　先天神數果然真

落不

离合悲歡由天定　赶妻重婚是緣姻

元去

再娶若得長聚會　除非木土方可成

寸式.

步芳

長物

傷情

研精

聰明俊秀伶俐女　星前月下會佳期

吹彈歌舞般般巧　前生註定無可移

生你原是二月中　定就二十九日生

命內若是閏月字　一世福祿保安寧

數定閏月生身體　正月逢之更喜新

二十三日生辰是　后日兒孫定永榮

姻緣本是天就定　誰知半点不由人

只因命犯尅妻煞　連年悲泣聲难闻

新年節氣已交中　父是屬牛子時生

日月命中早巳定　二相生成家道隆

二初刻八分

得意　寸鉄　重克　聞之　失偶

数定八字不可後　三十六歲中魁名

雖然不入文榜内　后運為國一般同

堂上雙親是何相　父親屬鼠定清真

家中物々盡皆有　母是屬羊家道成

父親原是屬蛇相　方知屬猴是毋親

四柱皆是前生定　果然半点不由人

数定閏月是生身　二月之内定清真

十一生人皆順利　一生逢凶過貴人

可憂可憂真可憂　少年夫妻不到頭

中年喪却俏佳人　誰知又娶丟分手

更　分　太　史　也
向　情　四　應　天

先天数内定的真　推你原是幾日生

定你必是臘月內　二十四日生你身

試问双親是何相　父命原是屬羊人

母親何相生身体　也是屬羊定得真

邜時生人屬命宮　功名显達志氣洪

雖然不是文學貴　名题武榜显峥嶸

中年失配大不祥　堂前子女泪汪汪

再娶継妻戌配耦　兒女終日思親娘

大運行来到庚戌　所谋事ミ盡皆通

凡事不用劳心力　一生有祸不成立

兵初利兌參

生養　陰陽妖机理無稔　金風吹命雪花落

　　　先天數定有養母　方合八卦自不差

我如　生辰原是閏臘月　金風凉々雪花飄

　　　生在十二吉星照　禍散福來命所召

仁原　先天數內筭的明　兄弟四人一母生

　　　同居自言三人行　四子一定過門庭

可嘆　八字本是前生定　棗妻棗子大傷情

　　　命犯孤形無解救　必須祭神可寬心

之故　新春節令月明星　你身定是閏月生

　　　不知你是何日降　臘月之內主高明

執伏

先天數內不可差　　　　妻宮生子最足誇

定就三十生一子　　　　后來榮花必與家

辰時生人數甚精　　　　平生志氣咸武雄

孔氏家業無心向　　　　孫吳泮池顯峥嶸

大運行來到巳酉　　　　求財謀事如反手

傀儿

值此一運十年旺　　　　家下貨財常〻有

命犯孤形寔可愁　　　　屢尅三妻仍不休

若要不去殺妻劍　　　　惣然再娶不長久

宰拾

生居寅時單星臨　　　　八字之內定的真

元失

孔氏家業無心向　　　　孫武一跳耀龍門

見險

二十　秋荷　秋月　宰得　分情

丁字本性屬陽火　命中相遇自然康

五年吉星多照佑　家下福祿百事亨

你妻年方二十八　此歲必然生一娃

恩愛成人最易長　后日必定起大家

莫你年方一十七　此歲生子定主吉

必有吉星來相照　一世無凶有大福

大運行來到辛未　出入求謀皆吉昌

一運逢之十年好　福祿安然又生祥

先天神數已莫定　命犯尅妻數無更

再娶佳人承后嗣　除非金水不刑沖

香才

己時火性十分真　不知惱恨有恩人

全無敬富輕貧意　卻有惜孤憐寡心

禦武

己時生人顯功名　孔孟事業不躭成

孫吳之書宜熟念　方知屬羊是母親

八面

先天數定屬豬父　志氣昂昂威武雄

堂上雙親多觀樂　福祿兩全喜依依

罕奇

壬運不吉又不祥　逢之五年有災破

夫主定有口舌事　自知災病不離床

髮事

數中定就父屬虎　造就屬羊是母親

一生衣祿常常有　壽如杰柏家道興

少待　得之　林鄉　憶妾　心田

大運行來若剋癸　五年幹事真不羨

自巳定有口舌事　家中大小亦難為

問你生身在何宮　閏月逢之正月中

衣禄豐亨財物有　二十九日是生辰

八字良田居本命　閏月生人主安寧

莫你原是十一月　三十之日是生辰

先天數中定的真　父是屬兔衣禄深

母親必是屬猴命　一生安然不受貧

犁雨鋤雲農家業　早起遲眠無休歇

汗滴木土日當午　努力田園費心血

許　美
廉　惠
綉　慎
能　得
着陰　忙和

命逢午時有貴神　上人見喜小人嗔

雖然火性一時有　全無半点恨人心

大運行来到戊申　家道和合氣象新

凡事起心多順利　貴人扶持衣祿深

父命原是屬龍相　母親屬猴定的真

前生數内相配就　一生貴人喜相逢

庄家本是頭一行　只是秋夏長受忙

但等三農告成日　共歌千倉慶萬箱

辛運五午主驚惶　逢着此運定不祥

揆然一身無疾病　家中見女必着忙

何上

運行流年到壬宮　五年逢之灾禍生
家有賢妻忍一句　兌得自身遭傷刑

池必

人生在世不得全　幸與水火相有緣
今逢午睐湏要忌　破財先定人人覷

一枝

午時生人定得真　翰暑洋池展羽鱗
吉星相照孫武事　運至時來禍祿臻

賓午

大運行來到甲午　財帛源流更無阻
九事不用君費力　福祿錢財自然有

食粟

不務舌耕務牛耕　日夜鋤犁是營生
歷盡寒暑受辛苦　千倉萬箱慶盈宇

来有

必俞

內我

先田

也不

末時喜逢天月星　一生有祸不成立

心直口快火性有　言語不投不容情
数定扁馬是父命　配就扁猴是母親
十年謀為多吉利　到老劳心不受貧

先天数中少人知　定你生辰在何時
此相原是十一月　二十四日定無移

大運行来到巳宮　安病纏身全不寧
欲知何時平々過　除非已過百事通
原來李冬閏月生　脱月初六定生辰

堂上雙親添吉慶　莫的時真命也清

古身　　吾相　　新猪　　及巢　　再篝

祖宗田産飄零盡　　雖是人為寔天定

也不讀來也不耕　　全憑賭酒為營生

后為紫衣威武客　　官職功升鎮边庭

未時生人武藝精　　身入泮池家道與

此運逢之年之旺　　人口平安保無安

大運行來到癸亥　　謀作事之吉大來

此理乃為天主定　　人间世人火甫晰

數中先天已早知　　二十四歲生子息

若是已身無疾病　　合家大小不安康

庚字五年不當強　　逢著此字定遭殃

安巳　重申　羞良　辛期　酌乙

甲運之中定不足　更有閑事與閑非

小口若不灾病至　自巳必定破財物

乙字行來運不通　逢之五年主平平

六畜不能興旺發　男夫主定有灾星

大運行來到癸字　自巳灾禍有痛悲

五年幹事皆不遂　大夫定有口舌事

運行戊字真不羨　本命自巳有灾危

血脉不通肚腹痛　大夫一定有是非

大運行來到丙宮　五年逢之主平平

若非吉星來相救　自己必定有灾星

罘刻索

上清　庚月　三明　如亨　九如

運交乙字不為安　逢之五年百事纏

若得大小平平過　除非交到下五年

大運行來丁字中　五年逢之主不通

若非吉曜來相照，難免口舌是非爭

流年運入己不通　已身災禍不安寧

丈夫若無災病事　自己難免無災星

運行流年到壬宮　此年逢之災禍生

家有賢妻忍一句　免得大夫遭事凶

辛字五年運不通　此運逢之主有凶

夫主有若破財事　免得自己疾病咸

阴和　辛字五年主平平　此逢運之灾病生

夫主若無口舌事　自己必定禍臨身

庚字運中主有灾　逢之五年不安排

盖昌　夫夫主定有口舌　兇你自己灾病來

申時生人福自強　池洋得意喜洋洋

鈴見　文星不就武星显　紫衣金帶腰中揚

戌時数定最為竒　桑文就武妙莫机

堯先　孫吳事業巍之显　荣遊泮池喜相依

運行戌字多不順　此五年中必遭凶

太　家有賢妻忍一句　可兇自身無疾病

合来

中初

莫你父親是屬龍　母親必先是屬猴人

八字一世俱平穩　榮華富貴兩俱全

初限西沉又拘束　運＼行来不相同

若利壯時風雲起　方得自已論吉凶

邵夫子先天神數　金部

角辰　已寅　心子　箕丑　牛申

姻緣配就虎兔妻，猪羊妻室定不全

丹桂森々枝葉戎，篡壇之喜火土年

棠棣花開風雲時，西墻翠竹自依依

雁行日伴多東西，孤身獨立自家奇

孔雀屏開配姻緣，羊馬妻宮始得安

若遇兔蛇難儔守，子宮土命定歸天

兄弟二人不一毋，先后排列子二个

二燕空中嘹嚦過，吳越分飛自和歌

厲猪厲猴妻不安，死夫鷄羊永相連

送終子息何相好，水火相生繼家緣

黄花　斗子　斗酒　牛東　虛午

黄花
妻宮免牛定不偏　辰巳二相始得安
何年丹桂發棠荒　水火見鰍保周全

斗子
秋風菓梛對几粧　数定同母不同娘
兄弟三人不同母　分明長短見宜王

斗酒
百世姐嫁種熄求　妻宮猴馬不到頭
鶏狗相配方偕老　子息木土是元因

牛東
雁過関山老路远　分飛別庸有推知
雖然呉越知音少　兄弟四人母不一

虛午
姐嫁前定本非輕　猪鶏二相主尅刑
遇虎魋牛多吉慶　水木見郎难送終

亢　友　尾　虚　女
卯　戌　亥　酉　未

鼠虎二命不為妻

兔親云相不尅离

非金非水难存子

天先定数無差移

五雁飛過南楼去

飛過南楼囬首無

兄弟五人不同毋

若是同毋長短孤

牛馬妻宫不齊眉

武威羊◯始得遂

金水二命方為子

妙合造化卻為誰

天边紅雁飛三双

若謝黄昏月備墻

兄弟同毋难并立

若不同毋定高焕

倀傷玄机理無差

焕娶羊鸡命不佳

若是猪狗同偕老

金水子云亨荣花

房丑　妻宮好合免蛇強　過虎逢龍雞安康
　　　子宮水火保安然　蘭桂叢中家道昌

葵道　數定讀書姿用工　半途而廢一場空
　　　雖然文章駒中有　一世寫狀作平生

箕戌　猴妻雞命一世亨　蛇與羊來俱不爭
　　　子非土木難送老　別相逢之送幽冥

清赴　數內定君主清高　是非從頭說根苗
　　　與人寫狀細推詳　公堂伸寃禍自消

危巳　妻宮子戌定刑尅　丑寅全宝始得寧
　　　子非土命難送老　搖有別相痛傷情

破九　枕牛　后怨　李云　月途

棠棣花開蟪蜮鳴　窗外葵花月照東

破九　生辰四月三十日　過此又到忙種中

枕牛　生辰二月二十九　暑往寒來到中秋

黃河天水相逢處　自古及今不斷流

后怨　生辰八月初十日　清風明月在當空

金鳥玉兔走西東　多福多壽多康寧

李云　運至流年八十一　此歲幹事無不吉

出入求謀多順利　到老終無災危疾

月途　幾度春光幾度年　露靄祥雲雪滿山

難逃二十零一歲　一夢黃粱到九泉

正三刻

好聞　運行甲子禍患生　口舌疾災才不寧

　　　病者流年難保守　云遮紅日月不明

兩隻　寅卯爐中火開胎　八字天生手藝該

　　　君家學咸缺匠手（鉄）心内巧取世人財

欽血　生来藝業有何能　定你會打好壺甄

　　　數定此藝君能會　遊走紅塵度歲乎

賦三　運行乙亥十年安　乙字逢之主見官

　　　萬事亨通須進亥　方許趁心百年安

霞金　百樣輕巧手内生　釵還玲瓏銀打成

　　　千般做出時樣好　作物夹俏擅其能

織机　欽銳　應紀　字許　壬佳

紬緞紬羅並紫錦　行絲綾帛有織金

各色花樣由人造　身穿富貴是高人

薰風半夏清和景　萬物時逢四月天

定你生辰十九日　牡丹枝上子規還

八字前生已安排　九十一歲命運該

辭離紅塵歸西天　一枕黃粱夢九泉

此命運到九年休　歲月當空主有災

算君定逢子午歲　田首黃泉一夢遊

桃花洞放正逢春　紫竹初從看青松

生辰三月十三日　棠棣芳菲色更新

初刻界

丙九

陰業

梆酒

苻葉

乙鈕

你命原當九特生　滿園干草又茯苓
生辰五月二十九　昊天罔極杜丹成
暑後白露蟬不鳴　紫燕啣泥歸杜鵑逢
梧桐將謝中秋列　八月十六離腹中
此數原來天生定　歲月催人不自由
限數若到卯酉歲　一塲蝴蝶夢莊周
運至流年主大通　八十二歲許長生
命裡合主天財物　到老幹事件々成
大運行來到乙丑　是非口舌凶事有
求財無利人口病　怪夢常々掛星斗

金火

火土面目黃臁形，合火鑄瀉合用銅
百般圣像君能造，感風爲作營心生

錦文

紬緞紗羅並綾錦，西陽大布又織金
時樣衣服君裁剪，穿去外面人見欽

做錫

數定君家手藝能，生成會打鍨壺瓶
銷造皆会人見喜，坐舖遊鄉過平生

銅朵

八字先天定的真，算你非為今世中
机房手帕並綾錦，紗羅織帛齊用功

槐花

先天定數不可移，數斷你是手藝人
問君生来何手藝，彈花使工度平生

中切　　運行甲戌難行財　　所謀喜事未趁懷

若要平穩大吉利　　過甲到戌福自生

八字先天數定真　　公明九十二歲終

交隔　　淺水龍行必受難　　陽夢台斷一場空

命中逢之履地水　　雨后花殘一場空

娘越　　你運辰戌入命宮　　定赴黃梁一夢中

時值金風中秋節　　賓鴻對對雁南还

力凭　　生辰八月二十二　　堂上雙親壽綿綿

命中四柱定前生　　七十三歲主康寧

鎮言　　出入求謀皆順利　　晚景事事自亨通

卤喪　占風　疾演　決利　寶鑑

九歲五行見流年　冥刼楼禍事；殭

节限灵光十三歲　准僃黄梁赴九泉

金凤吹動菊花香　蟬聲不住送秋凉

生辰七月十一日　雨露從天子見娘

運行丙寅主身灾　官事口舌禍患來

貪財害己休多旺　祝告凶事吉事來

八字命中前生定　尒外缼匹手内拿

問你一生何手藝　補襪磨鏡洗手帕

青銅明鏡你能磨　本央僧少又用銅

命中衣禄四方取　一世青閑度平生

初初刻六分

成破
鑽碴行事隨身本　各處遊走有人欽
全憑妙手金剛鑽　四方城市度光陰

紗絲
自小生來性最良　机房手作稱高強
紗羅行絲並綾錦　織成各樣好良匠

旺六
運行遷迁及癸酉　也主喜事亦主愁
過癸心寬方快樂　酉上逢之保無憂

星文
命生大數定無更　九十三歲老人星
陰功積德世人行　逍遙西天道人行

矣色
桃花開放杏花香　子規枝上耽夕陽
生辰三月十九日　牡丹花下子見娘

蒼是
參行
喜容
春晚
癸成

暑逢半夏炎陽天　其時蟬鳴聒秋間

生辰六月初五日　薰風送暑日炎炎

金風送暑望秋涼　紫燕回歸離畫堂

生辰八月二十八　青松翠竹子規芳

運至行年大吉昌　家中喜耀滿門牆

命中今到七十四　晚景順利無災咎

天壽有幾年春　煥丹命此主難存

此相若列十四歲　定主黃梁為遊魂

天地交太息事週　父母歡喜有剛柔

生辰七月二十九　子母相見百無憂

初烈之分

斜柳
運打丁卯破人欺　財散人離定悲啼

生又
災殃禍患皆由命　一運十里不甚吉
手藝正是前生定　金火常為鑄消人

擾遊
沙漠視局行母止　一特巧樣百般新
平生一世金劉鑽　優優衣祿度世緣
天下君家都遊遍　去處坐下覓人錢
沙土毋正為窺綿　百般手段屈你能

金鏡
多少銅鏡由心造　鑄寫青銅外分明
君家手藝最清閑　凨柜五中你為先

屏眼
每日木工常＜做　衣录四方取人不

宗四

許暉

造洪

犯義

詹石

運行壬申不遂懷　交關難免禍事纏

勸君不必多憂慮　若得爭榮申子管

數合先天與后天　問君壽命何日難

九十四歲入大夢　難躲黃梁見西天

葵花初綻棠棣天　黃麗枝上鬧聲喧

生辰四月二十五　母子相逢兩平安

初秋白露清涼景　金風吹動亲玉悲

生辰七月十七日　一世安然无灾危

松竹翠白映山青　淡了濃了必月星

菊花開放秋天景　你是九月初四生

初刻分

綏眛

能用

更許

迁逢

隔面

流年此歲見突然　君家逢之要提防

若遇丑未年来到　一棵黄粱夢夕陽

運至七十七歲中　逢之必然主享通

遠民求財多通太　君子加官定上階

運行庚午官事差　半甬半吐兩中花

虛言脱空人休言　吉星照臨禍不加

命中衣禄皆前定　七主手蓺心内生

年月日時補緝手　大洗虧情是營生

馬尾結成永不差　緝子賣與百人家

可羡君家好手蓺　原来本此利更加

做馬

少草

刑祿

言直

草馬徼人一時新　工夫不妙不驚人

學成妙手良工藝　玲瓏夫俏亦興金

双手天然妙可通　玲瓏釵環銀打成

千般織就時樣好　知君手藝曾高人

運經辛苦未不瑚䚦　上五下五兩分離

初交辛字多不美　轉至未上喜盈盈

桃花放開撲是春　芝蘭榮華透门庭

生辰四月初一日　堂上丹桂子初成

苦遇薰風半夏天　日近清光自得閑

生辰四月十七日　竹外梅花出世间

孤更　松柏歲寒求目深　穿花玉露已凋凌

和煙　堂上丹桂黃麗舞　九月二十二日生
　　　天逢二九正青春　晚風吹送少年人

流端　一枝梨花凌春老　一欖黃梁夢斷魂
　　　难逃生前凌春老　松柏花殘月色漾

宰味　八十八岁如春夢　难逃黄泉路帰宗
　　　大運宰末主熟煎　口舌憂愁財不安

演伸　染疾破財不吉利　諸般雜症几千磻
　　　雨裡火發傷燈熙　君家尤憂見宯星
　　　運行正遇寅中位　限到回首一場空

定　清
金　尖
剪　良
成　縫
功　同

流年運至又十八　家門福足成可家

此運當主吉慶多　晚來爭嘆才自發

寅卯爐中火旺照　玲瓏打成求好才

向君原是何手藝　裁成鋼剪衣祿來

金鍼民雖從造化　時樣做作可動人

挑金繡花偏能會　知君原是良匠人

生來雙手天然巧　剪綾裁羅合的妙

相待縫理新舊樣　高人見喜說道好

今生手藝有何能　朝夕張羅度平生

君家做成千家用　粗細任君手內成

霹靂十奇

秋容

處處花開我未開　開時又過特至來

生辰五月初七日　晚景葉花趑心怀

運至行年七十九　永劫慶必然有〻

實退吉來時至好　悅來有福又有壽

蔡成

向你生辰是何日　菊花開放九月題

生辰正是二十八　金風鴻雁过南楼

扶舒

花謝月沉壽年終　雪天風九主寒風

命中衣录天然定　青風十九赴幽冥

齿心

命中寿主至清高　光儉似箭雪花飄

班宁

八十九上天录尽　準備黃梁路一條

受身

打賀

記駭

休安

柱石

運行壬申悶懷人　災禍凶危不可言
十年不通蹇滯多　求才無利度日难

百樣巧心內生輕　釵鈸玲瓏艮打成
偷迟最是人中巧　猛見一枝金上金

行路車輪被波灘　馬到澄泥何日寬
此運若徛己亥位　一楖久陽夢不迟

行年若到七十五　此宗必主衣录豐
正逢氣運多通太　晚求景才可事亨

壽命生石南極天　注定衣录重如山
不久凌光十五秋　一楖久陽夢西天

正刻分

鎮亡

運行注定南極宫　福录荣華亦々豐
八十五六遭大限　一枕黄梁夢歸空

武唇

運行戊辰官事臨　灾殃禍患必必侵
君家破才口舌至　閑是閑非莫招尋

攢碎

君子要知天下路　各處家事都招尋
天涯海角走遍了　只是云遊過一生

製襄

君家手藝自清閑　一生織机度其年
引剃之間縫布袋　生涯衣录四方来

醫内

手持剐刀磨得明　猪羊能事慶平生
此命皆因前生足　屠行殺賣段不成

制片　弍托　蛰語　星流　玷舍

双手天然顺可成　玲瓏鈒环已打成

每日取之多共火　八炉傾消不放空

運行已巳將明　土旺人弱末趋情

下五年逢巳運内　望喜得喜諸事成

向你儿日是生辰　風罷桃花喜自成

生辰三月二十五　清風明月止陽春

薰風送暑耶秋風　画堂景中牡丹愁

生辰六月十一日　落草晋根百事休

金風雨洒正重陽　雁过南楼思故鄉

生辰九月初十日　黄菊開放自然香

合兒　南極注定壽命宮　北斗落花壽命終

無好　天罡斗轉十六宗　田首黃梁黃場空
　　　此命八字犯孤陽　命宮偏正丙三房
　　　命中子女終相見　大陽日照現紅光

福生　流年限你生辰壽　算來八十六歲春
　　　自根無尅傷於命　日老黃花自淒涼

卷嶺　運行己已陰难多　乘船江上遇風波
　　　苦逢破才口舌事　禒祭实散自安然

身吉　運行流年七十六　出入求謀天自佑
　　　家門衣录自亨通　晚来幹事自成就

作冶　金火銅銀長煉聚　母雄正汝在妒中

　　　諸般聖像鑄寫就　衣冠冕袞之慶平生

斗大　陽日金神在命宮　持刀原素好殺生

　　　屠行賣買求衣食　逢強遇弱不相爭

穿關　天定壽有几年春　數中定就命難成

　　　二十三歲歸陰路　圓首黃梁一夢中

痘口　運行壬子五年平　出入道達皆趁懍

　　　子位管事實禍生　黃興他人相鬩爭

吊客　籌你一生几个郎　雁行二子非尋常

　　　若得時真方爲妙　富貴清閑在高堂

午助　南星萃夏異茯苓　滿園甘草反防風

生辰五月初一日　花蛇原身轉几人

試問君體出入間　生辰七月二十三

天上清風明月夜　已育慈母子見天

雷長　運行流年壽命長　四時寒暑要隄防

陽光注定十义歲　蝴蝶一夢八黃粱

桑陰　金風送暑桂花香　梧桐葉落又重陽

生辰九月十六日　零露甘草蔔花香

酸酒　孟冬好景小春天　松柏翠竹隱南山

天眷　生辰十月初四日　雪裡梅花耐歲寒

字 子宮立在松枝上 隄防徒起刮大風
雞 嗣續男女終相見 猶如大雨枯木逢

千 雙手天然妙可成 打造子母勝如金
許 御石釵还玲瓏妙 搣虎花草一時新

期 元辰當生壽命長 囬首殘花憂南柯
髮 八十又歲春光姹 光隂似箭却如梭

制 黃金在世能造成 絎成聖像見日明
白 打成赤金好金箔 世上能有儿人能

織 向你平生何安排 蒸業精通才自來
履 衣录自在高人取 篡君惟有草做鞋

正刻要

栗尾
亥特生人數斷真　水臨亥子主辛勤
母衰子盛凸中吉　录朱二斗一升零

渠須
時值炎陽半夏天　生辰六月二十三
薰風送暑寒蟬噪　盼別中秋子規还

起向
瀟園葵蕤枝之發　梷榔堂前初結成
生辰四月初七日　子母堂前半夏生

天勝
梧桐花開四月天　十五之日离人间
橘花開放九十歲　杜鵑枝上子規还

凌消
運到流年無差錯　平生壽限無可那
辭世陽光二十正　撒手回首歸南柯

魁酒　雲閑　脚徹　儹交　腔刷

運行癸酉主失狹　官事破才細較量
是非口舌家驚散　災禍神祇不受香
運行此年方八十　此運先天必聚才
一生不須君受苦　以后自有福录来
　　　　　　　　生平衣录不可諱
知君做鞋為活計　以后與家享榮華
狗君手藝定不差　炉中生理过半生
八字命中皆前定　以后織定是生涯
每日打造為活計
堪嘆老来自白手　無心喜处見春風
故园桃李偏枝盛　無花無子兒寿長

正刻奇

復明　泪造　假偦　掩坑　遍綿

推你八字前生定
君家手有何能藝

自小投師會磨鏡
喜得容顏分外明

八字生來制造能
此命非為今世中

推君原來會打箔
此藝前生几人能

洞庭春光难遇景
方得母見子初咸

生辰五月十三日
別有花前滿樹紅

新秋暑后清和景
風送蝉聲自己鳴

生辰七月初五日
已育父母見根苗

朔風凜凜透初冬
萬里長空月止明

生辰十月初十日
落得清閑子見生

永次　運三　鈡成　作反　行双

運行丁卯主吉祥　丁字五年不當強

交入卯字無實禍　望喜求名才自香

壽高流水帰洞天　延令數筭八十三

自此录向黄泉去　一夢魂飛上九天

運行甲戌命难逃　禍患口舌自己実

求財自散空手轉　凶星有殺禍自消

動向君家何生理　裙袖鈡刀巧手人

君知你是何手藝　中日打鐵过平生

四海九州路途遠　君家一身走凡連

客人力才你使得　到処順利有人招

螺蟆

編星

覆枝

丙丁

咪佳

此命八字有刑冲　原談子宮赴幽冥

男女終須必然有　一定個個借胎生

重栽桃李生松子　母桂堂前長異苗

一樹姝花不結果　偏枝樹上長櫻桃

桃李花開不結子　蟆蛉早立子初成

桂枝雙秀方葉茂　男女宮中見桂生

丙丁位居南方火　庚辛入炉萬象合

君家孛咸鉄匠手　一世衣录有着落

孛命一世皆前定　肉架刀枰不离身

屠行每年月宰殺　賣買衣录可長咸

丁未　　　松陰　　　文寶　　　力信

丁未
運行丙寅半吉凶　日干遇火主不寧
逢木定知才源茂　下五年來最豐盈
運行注定南極宮　福至榮華家〻豐
九十五歲運大限　一枕黃梁夢歸宮

松陰
丹桂堂前火自成　芝蘭芳菲百枝榮
生辰五月十九日　富貴榮華度平生

文寶
秋來景物更堪誇　素園老景歲〻高
生辰八月初五日　己育父母見苗根

用貴
節全下元分高低　前生今世無不吉
生辰十月十六日　一枝丹桂更出奇

力信

花惡
運入天羅不可當　秋包衰草遇嚴霜
三十四歲如春夢　一夢歸空落黃金

終吉
運行流年大吉昌　家中喜耀滿門牆
命中今到八十四　晚景順利無災殃

九富
運入乙亥事丙頭　一場災禍破才憂
船到浪打風還起　日出云遮霜又愁

酉腐
酒肉原來隨君身　一世定你好光陽陰
宰殺猪羊心中喜　買賣交易兩無心

作料
打造艮雞百船成　新鮮花樣做的精
玲瓏釵環艮打就　只此手藝度平生

改過

天生俊俏風流女　歌唱美音人皆羨
若到運行生旺地　必然從良趁心問
人生在世皆前定　數定家君律更通
寬屈呈狀君能寫　這惡之人吃一驚

奇花

運行甲子事兩難　求財多有不遇全
上五年來多不美　下五年來起家緣
流年限數離太陽　二十二宗虎期羊

乙丁

民缸斗轉泵已盡　九泉一糚夢黃梁
百宗光陰不自由　同伴九十六宗秋

菊花

一生爻古三生夢　几度黃泉卧土邓

德亨

正刻分

叁中

運行戊辰主平平　　交關猶有不通事

若要興家並立業　　還依轉運到辰宮

庚午運中多不安　　才來十去几番人

上五年末若交过　　方顯崢嶸下五年

可憐可憐真可憐　　可憐窶婦度日難

分三

夜間思量千般事　　改嫁生子一場欢

八字生来未犯刑冲　　合該妨父又妨娘

月格

此数先天己定就　　果然由命不由人

八字定命不可移　　幼尅父母主悲傷

穿心

尖心

無依無靠娶扶持　　台運尖孝世無双

宮花

八定就志氣雄人　光顯門庭氣象新

欲向萱宮何日就　鶺去狗来入沣边

梅恨

少年夫婦主欢樂　日夜玩笑是營生

夫男無主成病疾　悔恨無及當夜差

貴神

子息宫中几个成　暮景堂前一个郎

先天神数已筭定　后日典家福更長

運行乙丑主平昌　乙木在多不安命

丁未

过乙到丑方得順　望大貪高扭才源

数定八字無可移　父母無刑必自没

可恨

倘若先把父母刑　右運必主大與隆

不祥

飛廉入命大不安　　好是江心着漏船

若还不把此星鎮　　招凶惹祸命有隙

大運行來到乙丑　　下五上五事丙頸

交至乙字财禄盛　　若逢丑字事多憂

憂愁过日录平く　　难靠祖業獨自成

侍奉上人真可取　　微权近貴有虛名

乙利

先天命定数有零　　幼年亨幸苦不逍停

少年不得行好運　　晚景築福大亨通

可望

丁丑大運事不安　　丁字火旺录重添

丁来

丑土之中多不美　　若無是非破財連

男婚　五行八卦生刺真　父母同是金命人

　　　先天數內早以定　天干地支算的清

　　　五百年前早定旧　荣華積玉堂前秀

　　　父是水命母是金　家中美和百年寿

皆有　已丑大運来相逢　已字五年主元亨

　　　丑摩之中尉难聚　轉交別宫自典隆

　　　女命数定不為寿　少年哭夫泪湿衣

多扭　當初姻嫁錯配了　抛不一个守孤星

　　　運行辛丑前五年　進喜求財兩俱全

之辛　丑宫逢之主实祸　实消必過下五年

莫興
　大運癸丑分兩行　　命逢癸字主安寧
　先天八卦已筭就　　丑字破財不堪通
　此造流年論高低　　一遇牛歲要驚啼
　閑煞刑冲多不犯　　三五歲右莫憂疑

少星
　八卦先天按五行　　數定同父不同娘
　兄弟之中數以定　　一物逃躲不為神
　綠柳遠堂亦非輕　　父親定就是屬蛇

火水
　此刻生人二难謬　　果然由命不由人

天地

女配

天然配旧安五行　　生尅八卦吉聖人

定你父火母金命　　福壽双全錄不憂

九丹

生意之间非偶然　　妒火精成九散丹

不关脉洛能應定　　濟困扶危萬姓欢

人倫

五行之内早算清　　八卦生尅兩相逢

父是木命母金相　　合定生你世门人

智治

十四

膏九

智治

九散膏丹濟世心　濂洛詩書養性情

羲皇事業非閒脉　半積陰功半養身

此命箕來真可祥　父是命金母土相

八卦合成生尅數　至古到今定逢明

邵夫子先天神數 木部

器血

問你命宮几時生　晚風吹散殘月明
生辰五月二十七　堂上雙親子見娘

祖臨

梨花凋凌隨風舞　命運四十零一歲
大限到丙子時無解救
一命辭陽下九泉

命相

運行土兩壬有安　破財口舌一齊來
年中無喜生煩惱　日尖露散霜未開

秀水

手藝前定最高強　人間奇妙第一方
凋刻花草飛龍勤　諸般手藝神像粧

藝下

命中拵奇藝高能　穿花仙女做成功
造成龍鳳青黃傘　前定衣祿慶平生

變剋

作是　　盃位　　玉巳　　守謹　　海浮

琴棋書畫四者巧　山水樹下真為好

五音六律心內通　遊走天涯任逍遙

平生算定延齡數　憂斷三十棗一歲

梧桐葉落遇秋風　一枕南柯憂己成

士于建五中年平　實獏口否主憂驚

夜間思量何日邀　五年若過喜自臨

語乃灵應亦照美　偏能說唱論今古

輕盈吹彈歌舞藝　到處自有貴人飲

梨花開放粉粉成　菲花開放結菓茱

戊辰三月二十日　子母相見得安寧

委引

露冷金風雁又南　寒江秋水月令園
生辰八月初八日　黃花又沛杏花天

光革

時逢薰風炎天景　英轉園林半夏生
生辰六月初三日　喜氣迎門家道隆

車己

天生數定度几春　蝴蝶一夢斷腸人
三十二歲天祿盡　石得光輝壽短臨

任交

八字本是數定就　舉案齊眉有志雄
此命不愁衣與食　父母萬為同數人

打裏

運行丁丑定殊臨　口舌実殊不見寧
病者流連難保守　必主破財亂維橫

色云　相接　宜時　末流　景肴

君子逤手天然巧　生來能為巧藝人

造成清凉奇樣傘　到處自有貴人欽

生你數該末匠身　鎅鋸斧鑽皆隨身

樓臺大廈君能盖　凋刻花形心內生

翠竹梅花鳶鳳立　數定宮人作君妻

紅銷喜定鴛鴦配　一枕蝴蝶自相依

數中甲申運中連　天下黎民賀太平

癸未運中休走馬　必然斷橋命歸空

南丹主定四柱傷　當年運限要提防

四十二歲光陰老　成已一憂染黃梁

珍瑯

人生門戶真瑯子　一世術術作生涯

辇七

四方不愁衣與食　各處所別便為家
癸字運來上五年　口舌疾病才不安
若得船平風浪穩　只等丑字下五年

心妖

雨洒青蓮花儿枝　萋水臭浪正浪涛
生辰八月二十六　晚景爭葉喜更搊

潟泉

英轉喬林蝉始鳴　蝉聲不住盼秋涼
生辰六月初九日　半夏南星附子生
運入空限妻提防　四十三上虎期羊

片蘆

才物休貪人离散　一桃南憂憂黃染

聖二刻

肆　舞　改　丑　巷
帶　秀　積　旺　托

甲寅運中不為業　作事不成風裡燈

若得下五寅字到　依舊爭榮耀門庭

今世八字前生定　汝命逢之祿更新

數中定就官人女　後嫁夫主一世業

叢楊蔥蔥蒜已臨　日轉菜花又轉辰

生辰三月二十六　春光明媚喜自通

運行戊寅事難明　所求謀為百不成

命若逢之多阻滯　禳祭祈禱保安寧

時真刻真算得明　知君難逃這時辰

數算君家有手藝　織布為本過平生

龍青

鑹斧鋸鑽常在手　命該本匠是前生

且昇

高樓堂殿能修蓋　尺寸揆論量自成
運受北辰幾番春　三十三歲命自凸

聲乖

南極長光壽星短　南柯一夢赴黃梁
胸中蘊藏是高明　談論歌舞唱半通

壬貴

知慧能談今古事　出外求謀一塲空
時運白露丰秋天　雁過南樓己旧還
生辰八月二十日　堂上双親喜無邊

廻光

炎風送暑半夏天　南星半夏花滿園
生辰六月十五日　父母恩思兩俱全

燒玉　　地網相逢主天驚　財散人離花遇風

載中　　四十四址如春憂　一桃黃泉命歸陰
　　　　運行已主有口災　重重禍患口舌來

禾八　　凶星萬般塞天地　吉星相照福自開
　　　　鋸斧鑽手中拿　八字生來是木工

笑相　　升斗高樓君能蓋　尺寸不差便高明
　　　　破青千根紫又青　編箱成篋斗共升

鑽角　　自古鑽家常常用　盡是竹器手結成
　　　　世上巧手藝精通　誰人比你罷造成
　　　　豪牙牛角澗梳子　堪匕可喜送佳人

延天

榴花開放滿園紅　荑楊枝上子規鳴

陵斷

生辰四月二十六　父母恩光賴后成
清風野景半夏天　時先瓜菓子結來
生辰四月十四日　人在堂上喜氣宣

翼恒

人生天地數定昭　青春年少命不高
運限若父三十四　祿盡南柯一夢杳
八字前生命不差　門戶迎賓是他家

方前

歌舞排詞並雜劇　去處只是作生涯
孤栢松樹風雨推　还葉殘枝却長延

褚衣

生辰五月十四日　方知子母兩俱全

取度　談腕　秀枝　飛勇　車陽

暑送炎風夏日長　几聲蟬鳴聽秋涼

生辰六月二十一　葵花開放自然香

天羅臨運主大災　鞍馬交關不趁懷

四十五歲逢空限　回首黃粱再不來

棠棣花雨風雲齊　父金母土是根基

夫主該是水火命　木命之子自相宜

南山注壽不堪論　運限入爐火消金

孤舟蓬海遇波浪　二十五歲命歸陰

數合先天定得真　女命生來助夫君

丈夫黌門一秀士　運轉時來受恩榮

癸成

庭前桂枝正芳菲　七月廿七是生期

月後竹影金葯綻　風舞青竹百年稀

乙卯運中主平平　閒是閒非莫相爭

吾別

苦交下運福星至　必主興家財自生

雨露金風葯菊香　雁過南樓對人强

生辰九月初八日　已育父母見重陽

賓客

命中衣祿平生有　治家有法活計生

皆因前世多正直　總主福祿見元尊

獨輪

秋風白露寒蟬鳴　丹桂枝上子規聲

濫泉

生辰七月二十一　已育父母見元尊

初刻六爻

見峯　賤腹　心雲　堯記　貧貴

歲寒梅花堂前景　松柏翠竹枝葉葉菜

清風明月為伴侶　正是十月十四生

運逢天羅主重災　四十六歲運限該

大運行到难逃顛　灾殃口舌重上來

辛巳運中主平平　口舌灾殃屢上從

君家燒香祭星斗　逢凶化吉保昌榮

入家前生定得真　此命非為今世中

心技巧力在君手　利家刻慶度平生

要知父母是何宮　父水母金定其生

夫水相配得安樂　火土閏目子超群

頂老　　命中八字前生定　　一世衣录土中生
　　　　生命神數已筭就　　庄稼治家有餘菜

染柴　　每日清閑串街遊　　刷手修正能剃頭
　　　　貴人正容偏欣喜　　一生衣录不必愁

清面　　命限為惡是愁人　　促防二十六歲春
　　　　禄馬交閞數已盡　　难逃黃粱一夢中

寒天　　數筭父命己安排　　進財生人命中該
　　　　夫綱定主一秀士　　安樂清閑兩利諧

忠中　　大運丙辰行不安　　是非疾病兩相連
　　　　若求浪静船得穩　　必交辰字下五午

祥羊

金風洒〻繞樹稠　生月正在七月秋
二十七日降生下　父母欣喜百無憂

庚春

運行流年在庚辰　火災殃禍患百事臨
君子若得能改悔　方能減半慶光陰

白善

端陽已過半月間　椿萱蘭桂水妻田
生辰五月二十日　滿倉富貴太平年

甫行

金風吹動菊花秋　清風明月雁南樓
生辰九月十四日　父母恩光見源流

毯絞

清風白露秋蟬鳴　七月生你數先行
貴造原是初三日　已育父母百無憂

相惡 命中八字是前生 比年福祿是浮蘋
青春辭世三十七 必赴黃梁一夢中

仁甲 運行壬午災禍臨 儿番善事几番沉
十年不通多阻滯 日夜思維怪夢成

柴將 君子常為牛角本 諸般物件造化成
篦頭各樣並帽刷 蝗蛣修養又最能

制蓋 坤造逢之數已定 合亨录米不為過
官人主在朝内任 后妃夫郎笑阿七

姑膠 八字前生作生涯 篠匠終日奔波家
積趨上林並樹末 本小重生利更加

初刻本

結成

纖柳一世作生涯　編箱可堪正相宜

篹箕編成並柳器　凴此手藝录不虧

貴言

金風吹動菊花香　滿園空樹枝又長

生辰九月二十六　堂前暮景過重陽

姑膠

先天之數算得真　全凴篹匠過營生

若非旋匠並賣酒　先天精算可通神

木食

寒蟬正鳴秋景天　再見梅花月正園

生辰七月初九日　竹稍風羅更和偕

興良

運至空亡終壽稀　暗九天年命有虧

二十七歲大數盡　难躲黄梁一夢帰

勇孤

行年十八百福臨　聰明英俊君子欽

忠示

此年行宮文星有　龍門初逐序明倫

開引

運行丁己不遂心　小人開來已相侵

災消禍散逢己上　望喜貪高福自臻

半夏清風景自和　重生花菓焉又強

生辰四月初八日　滿園桃李子見娘

君謹

昆台己命福相纏　出土萌芽見青天

录尽命絕數已定　二十八歲見閻王

祭逐

運行癸未禍相侵　十年但滯運不通

立者定有不遂意　幾塲不喜幾塲空

食衣

薛造

有竹

進祿

白羊

性氣賢良最有名　父母全是火年生

金命必生水命子　土命閏月不能成

命該生意有何能　旋物憑此過平生

旋成各色好物件　貨賣四方家自成

一根青竹是為本　巧手心機意又生

諸般物件會編做　各樣盡在手中尋

大陽行限要隄防　猶如木葉過嚴霜

二十八歲羅星照　一夢陽台到荒郊

白羊星吉來照臨　夫郎富門可立身

利見大人心安樂　錢財東來西又尋

鄧先子先天神數

三一五

計刻

命宮生意有何能　時正刻真定得明〔晌〕

宗容

數定君家何手藝　賣油生意過平生

交已

見秋～雁過南樓　金風吹動送玉愁

生你八月初三日　一世安樂不須憂

財利難求慧氣生　自西自東任意行

下五年來方可許

運行戊午事難成

槐高

蘆花雁景超～遠　柳外鶯聲處～軒

生辰三月十四日　桃花飛放滿后園

寒風朔～雁南樓　梧桐葉落盡皆愁

天台

生辰九月二十日　黃菊開綻百花休

斬方　時值初秋近下元　呢喃紫燕語梁間
　　　生辰八月十五日　人迹高樓月滿山

陟斷　暑氣炎炎初夏天　廿卅伏苓月滿園
　　　生辰四月十四日　子母分身各自安

押玉　運行甲申百事臨　災殃口舌破財真
　　　半夜行船逢大海　醉後騎騾一塌空

同工　簫銀花鞍能造成　油本推光透玲瓏
　　　結交四方多主顧　高人先喜遠傳名

吉加　手刻小木人自諺　雕作人間各樣花
　　　人間手藝為巧計　命中衣录可成家

元漆

為使桐油與漆能百般物件盡光明
黑漆朱油着作裡卓椅床帳並神功

角星

午時逢之不為吉龍唇水淺被人欺
時災月危皆由命雲收霧散目又明

不通

遭難離與母親渡銀河悔錯羞怨氣在
心寓誰改姓呼伊父無奈何但怨歸宗

毛參

己未運限定何如是非口舌來往纏
欲知災殃何時過下五年來任意為

斷陸

時至花開四月天初二生你在人間
榴花開放紅如虎杜鵑枝上報聲歡

催巫　柴府　逐心　蒙交　九高

運入天巫不可當　鹿被圍時自着慌

三十九歲雪空舞　一桃南柯夢黃梁

大運行來到戊宮　此運平常不堪通

日晚西沉不見影　春雨閒花滿枝紅

先天之數算得真　搽脂摸粉過營生

雖然身橋巷有内　不久從良在命宮

百枝花殘遇風霜　葉落飄飄滿地黃

生辰十月初二日　夕陽一段顯春光

運行乙酉醉薰薰　災禍重重有救神

一事艱難一事易　命中還該祭斗星

木方

杀血

菓合

交中

勞心碌碌竟何為　茫茫理數甚堪窺

同人生兮同人長院　無食來又無衣終

朱紅園漆盡皆通　棹橋床帳並箱籠

時興高人偏見喜　到處自有貴人欽

運入天羅不可當　此命逢之自有傷

交到三十無令數　回首黃梁一夢塲

身掯据無錢鈔幸有壽星來相依總是

時也命也復何疑

庚申運中不為吉　是非口舌才不安

下五年來皆散去　只是守分得安然

勝時　浩汤　金龍　抛別　馬衔

榴花同放正爭榮　　　更有葵花向日傾

生辰五月初八日　　　己育父母先元辰

兆都贪考數逢空　　　寒江獨釣結成永

你今若列四十正　　　録盡黃梁一夢中

運行未位多行蹇　　　求財不遂手空拳

時逢不通皆由命　　　作事平常莫怨天

運入癸亥心神亂　　　出入求財多不祥

災來禍息何時好　　　再等二三四五午

菜楊枝上映日紅　　　定君四月二十生

重栽桃李生松子　　　丹桂堂前子規鳴

北及　　　　　慕景中秋雁南樓　金風吹動黃葉飂
　　　　生辰八月十四日　玉露生花子見娘
　　　北極落花主大驚　四十七歲憂己空
　　　刑沖尅害彔馬絕　一枕黃粱夢九重

紹緒　　　　　運行丙戌謹守家　是非口舌破財多
　　　君子若能並祭破　前程顯達自葉花

炳踵　　　　　甀油牛漆常：用　做成鞍鞴手內生

制樂　　　　　君今聲名四方遠　才彔自然家可成
　　　風流俊俏一妖娥　美貌與人配綺羅

運通　　　　　生平只顧泛良奸　必須財至始平和

西刻壽

木静　合吉　命振　銅朵

不分南北與西東眼又昏〻耳又聾熟

讀黃庭經一卷要居深山遠林中此樂

終身期結果何必肥〻同前程

償殖屢中能憶度

耕雲鋤雨有犁酌

一生衣祿自然有

脱景發達封高爵

運行太陽主熬煎

命過三十五歲年

辭離浮世歸陰路

一夢黃梁到九泉

先天之數籤得真

全凭織紡過營生

每日工夫家内做

拿在街上去換銅

六害

大運行宫到辛昌　雨是鬧非莫鬧口
灾消禍散何日得　下五來年方許好

別星

運行壬戌事見凶　内中不遂費精神
二三年來耐心守　戌字運内福自申

絲正

世間多有精能藝　樣似娥眉半月輪
牛角羊末作梳之　堪可使用奉佳人

血食

仲秋時逢重陽至　日墜西沉東又升
金風闹放花連朵　你定九月初二生

宗容

暮景堂前望青松　鴻雁对对過南楼
生辰八月初三日　父母恩光子見收

珂謹　歌金　另木　作馬　同樂

運行丁亥不安然　災殃禍患又相連

速行善事保平安

海棠柔～是金紅　录柳冉～映山青

生辰五月初二日　晚景造化又更成

命中數中主空亡　又是顏回復見辰

四九神仙也難救　囬首斜陽一命休

牛皮熟成君能做　做成鞍轡人程奇

一雙輕巧真炒用　到處人誇手藝能

命中數內定吉祥　萬里風雲顯月光

父是金命母是木　右代子孫發榮強

杜昇　春風吹動萬物生　百花開放園芳名
　　　你生二月二十日　己育靈胎兒雙親

太虛　酉運逢之多主驚　才來才去不安寧
　　　船入大海風又起　所謀百端總是空
　　　寒風正遇新冬景　雪裡梅花竹葉青
　　　生辰十月初八日　百歲光陰百歲人

斗標　籌君你命有官星　職受八府官位明
　　　紫衣特授身逆卦　富貴榮華並來臨
　　　大運行來不遂多　丟財惹氣受奔波

牽七　人口不安六畜損　來年春開勝今久

中參

編項

命有天土生兩藝（青）　思想破竹不堪难

問君你會何生理　編箱已成又編藍

倒玉

命宮流年又甚強　一輪明月被雲遠

四十八歲歸空限　一枕黃梁赴陰城

數定命犯飛廉星　只恐命裡著邪瘋

來相

一十六歲丑星自　心迷胆大禍來臨

數合八卦不由人　何須話頭論長情

可一

生身父親屬雞者　一物逩躲不為神

八卦五行定得真　萬里菜光映日明

美女

父母同是甲乙木　命家人等家發成

可託

不推

自然

三元之內有聖人　　早以定就五星方

生尅八卦方為美　　父火母木一家人

先天數內定得明　　五行八卦合成昏

欲知父母何年養　　父土母木百年葉

太極圖上畫八卦　　五行也在五方安

你向父母是何相　　父是水命母是木

邵夫子先天神數 水部

交室

此命清閑第一功　日每造筆過平生
雲遊天下海角外　一世榮華家道成

蚊蜋

葵花初綻寒蟄鳴　滿園官桂長茯苓
生辰四月初三日　洞房牡丹初綻成

書省

葵花開放半夏天　芍藥開放海棠鮮
生辰五月二十五　此時生你見親顏

吊生

雲淡青杏百尺高　流水歸東浪淘淘
生辰十月十一日　再整梅花月上稍

春街

促壽到齡延今年　五十一歲限定難
臨崖收轡走馬晚　辭齋陽光下九泉

正一刺

武荣　桃花　立里　注丁　酒鳴

運行戊戌主破財　謀更無成主驚災

出門半路望回首　糧祭禍去福星來

君家黃河能改變　靛水青藍骷染成

士子佳人偏見喜　針工巧去繡花文

先天數定汝命生　歲月犯關主憂驚

交過二五八歲上　成人長大多安寧

運行丙子主平々　欠關獨畏事不成

若要興家並立業　还依轉限到子宮

先天此命定的真　四五六七主有驚

全憑爻毋陰隲好　成人長大把揚名

父兮

運行丁丑管十年　前后分折兩字間

丁火須知進才雄　丑宮逢之自然安

乙重喜欣乙重成　月正圓時光有明

生成五月十五日　榴花開放滿樹紅

陶冶

數着此命最精神　父母趂心保無憂

若過五七八歲上　生辰喜得有救星

過救

人生東土照命間　金風送暑粉紅蓮

前世父母相聚会　我是七月初一間

申敢

四柱犯煞又犯關　先天數算定不安

即應

若是破送方可保　不破不送見君間

肖白

暮景堂前立新冬　寒梅爭鵲又爭春

父母生身降吾體　正是十月十七生

命宮日主犯關煞　大忌五七九歲連

急：請師來斬送　方可保的一身安

立理

運行空亡壽不齊　大限到來莫躊躇

運行五十有三歲　一枕黃粱夢不通

運行已丑主灾殃　一枕黃粱夢不通

顛祿

錢才撼有多蹇滯　閑事口舌又難明

交運五十有三歲　桃花開放一陣風

絕亨

八月中秋母生身　子母二人始分身

悉尹

初八之日降你体　后運福祿喜欣：

監食

選水

忠乞

喜到

主玉

廣使油面主法定　生身注內功生花
高人排筵能治功　湯水調均廚長家
君家口咬猪鬃做　功手提拿雙線縫
斧成匹皮能妙手　做鞋憑此是營生
運行戊寅未為安　才來才去几番～
上五年來君交過　方顯爭榮下五年
此命生來犯関煞　一三五七不安寧
待至一十八歲后　姓名馨香把名揚
運行己卯瑣事纏　才源不進人口难
不必強求且相守　若要爭榮下五年

綬舒

棠棣花開是黃金　　寒鵲枝上爭梅香

生辰四月初九日　　一輪明月照紗窗

其元

雁過南樓暮景天　　暑送中秋白露寒

金風吹送黃葉落　　生辰八月二十三

合主

你命生來苦自知　　父母二人兩分離

父親無襯母有襯　　你心常心愁不去

工溪

運入文星在命宮　　終身壽限定無差

交至五十零三宋　　一枕黃梁夢歸空

荆土

運行庚寅禍事臨　　災殃口舌到家门

雪上推霜三折日　　詹前水落浪中船

孫提

四柱無煞亦無閒　先天定數定然安
一至七宗要謹守　隄防湯水有災殃

禄刑

丹桂堂前景東西　生辰四月二十一
葵花初綻日暮好　祿楊枝上子規啼
先天合數兄弟均　一毌生辰四個人
算来兩父恩養好　兴衰立家各自心

宴用

雙手天然如中云　八字清閒可立身
整容梳髮添秀氣　更無剃頭得利源
自古小兒怕犯閒　犯閒必定主有驚

亨捐

解送

若不請師来解救　保命今生真个少

叁鹹

運行庚辰莫熬煎　求才無利听自然

若要災消並禍散　必湏交到下五年

是冬

運行辛巳莫貪才　災殃口舌几般こ

耐心且把故園守　運轉有喜萬こ千

兩皆

元命天定天然奇　才源福祿自相隨

若向君家生辰日　原來五月二十一

紉蹇

先天定数汝命生　尖月犯閙主有驚

交到三五八宋上　成人長大多安寧

則煮

若向你命何日生　牛郎織女喜相逢

正是七月初七日　重喜元辰人不同

必送

八字若是犯閞煞　必湏斬送可為吉

若是不信仙人語　自古人生誨后運

軍朋

運行辛卯主不吉　求才辛若淂便宜

灾殃禍事定不少　禄祭禍散福星隨

双枝

兄弟之中最為長　數定二人各自強

定君第一訣為大　一弟原来任菲芳

手藝數定最清閒　每日造筆做平生

結交仕路青云客　更有搯竜画虎人

水狂

人生最忌將君箭　遇著此閞定不長

急救

急て解救方為利　可保終身無灾殃

睿地

金風送暑蟬不鳴
月到中秋雁南还
夕陽一段風景好
我是八月十七日

開艷

聰明造就多異巧
青翠花枝特樣新
君子手段你会做
常々贈於美佳人

七中

運行壬午主凶連
而謀不遂凶事纏
夜前思量渾無計
耐心且等下五年

影鄉

问你父母生身体
先天筭定数先知
生辰何日知君降
原来六月初七生

夾溫

運行癸来不為安
展轉無計可當連
所謀無成煩惱亂
若要通太下五年

義拜　　連走　　未因　　元首　　双双

義拜　　連走　　未因　　元首　　双双

五行四柱定的真

数定汝造居為二

暮景三魂飄之滿

已育我俸生下時

今向君子何月降

兄弟三人主吉祥

同父同母不同心

五行四往在先天

百花無子數巳定

兄弟原来是二人

長短不育命中存

大限五十零五年

一夢归空染黃泉

注定八字各自雜

正是六月初一生

数定推算論為長

录薄录厚各自強

冲犯白虎立子难

命該義子在堂前

止荷刻舌

作　杷　門　童
浮　諛　任　美
　　　　卉　為

數看此命最精神　生時喜得有救星

待過三四十一二　父母保守方趁心

白風送動白露寒　寶鴻对：又还鄉

生辰八月二十九　过过中秋又重陽

運行壬辰百事凶　是非灾禍主有为

春后殘花狄后草　臨崖落馬浪中般

已亥年逢喜孟春　犹如明珠掌上般

君家弄璋逢此時　運逢此際喜氣騰

五色偏能傲染工　青紅兰录染造成

佳人犹自偏見喜　韻色五樣更鮮明

全成

生成双手天然巧　斜工裁縫茅一功

排列

宜時新樣工夫妙　高人見喜貴人逢

兄弟行中最爲良　三人長短任命殤

先天定你居爲二　富者軒昂品清高

連逢甲申禍患生　口舌是非才不寧

六喜

諸凡不遂人口病　若求才散到申中

乾坤壽內數不齊　父母二人主冠离

六害

火尅先刑毋親合　自立成家又與隆

數中推筭今生事　天涯海角自孫雄

勞力

賣買吳隆多得意　勞心勞力始亨通

正刻列吉

寒　子　粉　一　深
雷　刻　力　巳　淅

和風擺柳杏花天　子規枝上燕声喧

生辰三月十五日　当知子毋又安然

運行巳酉醉薰〻　災禍重〻有救神

一事艱難一事易　命運若通酉上臨

時值金風雁南还　八月十一生身体

一段乾坤風光好　暑后蝉鳴子規啼

全憑父母陰騭好　大忌五爻九宋年

命中日主犯比肩　此相成人不非几

平生寿数又無零　限到五十六歲驚

西風飄〻黄葉落　一桃黄梁夢巳成

察回　陝犁　娘歲　汪魁　迁紕

運行癸巳災禍生　命中蹇滯定不通
若能燒香祷告祭　恐你無事吃一驚
八字元辰中秋天　母子安然在歲年
中秋已后喜滕前　生辰七月是十三
運行戊辰年中發　出入平淡作生涯
君子欲向前程事　雨后青松開嫩花
姻緣前生妻妾有　早年丹桂难保守
雖命佳人生長子　兒郎榮華得長久
妻妾正副古今傳　上下多宮要和諧
属狗妻宮生長男　以后方保嗣可全

禄火

運行丙戌謹守家　災禍口舌万般加

君子还宜依旧守　戊字五年喜榮華

尧青

染就千般顏色新　青兰各色甕中生

綾羅緞疋並絲綢　一番整旧更新明

運行丁亥事流年　求才無成百事难

碌次

上五年来君交过　下五運逢始渭壑

若向命宮几時安　五月初三不虘傳

野原

時逢端陽臨近日　艾㐌高懸百禄傳

鷦鵝技上與蟬鳴　六月十三生你成

榭例

若向荣世華世定　堂前丹桂生子宮

成辛　命中日時犯比肩　　大忌五父九歲年

月明　全憑父母陰功好　　此日成人不非凡

　　　問你命是何日命　　弓馬嫻熟姓字香

　　　今日暫為遊洋客　　他年芳名遍四方

　　　妻宮疊配命中諒　　五行四柱已安排

　　　雙妻方得產英基　　緒嗣方保得久延

意則　命合八字生時硬　　身已身中有尅傷

　　　幼小若不生疾病　　必主重逢兩爹娘

免疾　生逢卯時不當強　　合至木雞重高堂

時破　此數先天已定就　　八卦算你不由人

息首

見計　能計　不觀　頤記

三秋雁過重陽景　雨洒黃菊竹葉青

堂前蘭桂多奐茂　正是九月十一生

却殺為災不可當　五十七歲高陽光

隄防河柘処央散　一梂南柯奐黄梁

運行甲午主破才　土入半路獨回來

世上思量驚破胆　禓祭禍去福星來

你命生來甚可傷　父親早已憂黄栄

欲靠毋親成家計　誰知已意嫁他御

素圃光陽玉蟾缘　紅塵已定望雲霄

生辰父月二十五　西風吹散毋見苗

筭耕　危乙　永禄　獸原　兀居

先天数定居其長　八卦合成是三人
重毌一爻多先后　獨長門庭喜氣新
運行戊子莫貪才　口古人口齊驚哎
若行下五年間運　才源虛損意不足
大運行来到戊戌　兩岸青松長嫩枝
若向一世前程事　慾心一動忘天真
此刻生人犯獸原　仙家以見早先知
翁熄聚会無人処　梨花闹放正春光
兄弟三人喜氣揚
数定居三是你命　長短不齊各自強

邵夫子先天神數

水　益　巫　音　醯
遊　定　霞　行　醬

桃杏花前过素風　　三月二十一日生

世事前緣皆注定　　已育父母見身荣

時值金風过新秋　　連朝細雨雁南楼

又月十九是生辰　　母子思光后代番

灾殃臨命主驚惶　　何期定限离陽光

五十八歲天录尽　　一夔回首望斜陽

運行乙未主不安　　破才口否事非纒

病者殘灯遇風雨　　只宜守旧莫多貪

重陽寒露正新秋　　瞻聆南風望南楼

生辰九月十×日　　堂上双親樂條こ

心一堂術數珍本古籍叢刊　命理類　神數系列

工宅　南德　患木　甲凹　君市

八字命逢主癸水
水内摔洗作生涯

造成筆竹文戚宝
百藝精閑第一家

運入天罡主坐亡
南丹算計寿命長

五十四歳天录尽
蝴蝶一塲入黄梁

一生衣录水上發
平生放筏作生涯

本身行走江海外
買賣本水利更加

此刻生人命不通
兄弟行中甚無情

魚然美色人贅羨
意忘同胞乱人行

也不讀来也不耕
全靠度量过平生

夜间思量千条計
早起自有渴意称

揹例

別市

威風

太虛

莊更

暑往寒來聆秋風
蟬声不住叫寒声

生良八月十三日
子母相逢得安寧

運行己丑才不安
官事索連病已纏

丑字五年方快楽
其門進喜茂才源

志氣為風顯英豪
棄文就武志氣高

時至先人泮宮裡
安楽富貴自逍遙

自在陰陽世所稀
生我四月二十七

正是爹娘生無休
一世清閑百福脩

秋月菊花縱籬边
金風吹散南雁天

欲向父母生吾日
原來九月二十三

永玄　柄辛　交爻　制片　苦蒼

運行天羅主大災　金星照命九金該

定限录尽四十九　此時回首赴泉台

運行丙申主災殃　出门破才要提防

一塲禍事驚破胆　祖奈禍去福又强

天地生成神童子　鼓响一声就爲神

一生常在神前跪　后運法门主成人

平生藝業何所作　罢得亦来兩手能

空地長索二三尺　筭来只是会打繩

空生志興杰相監　竹葉梅花耐寒歲

生你六月十九日　一枝丹桂子規还

品列上奇

千道　此命天數定主空　今遇此歲主大凶

松煙　一樹寒梅花放早　兩后殘花被風動

炎參　欲問此藝有何能　文房四宝在其中

頑要　青烟造就竟奇墨　能助文人錦繡層

傷陰　運行庚寅事兩歧　一塲災禍一塲驚

交過五年寅上轉　日月重明去自崢

先天此命定的真　九歲以上主有驚

若非父母陰功好　难保此子的安宁

先天數上看的真　生兒養子免熬前

原来前何你日降　生成九月二十三

心一堂術數珍本古籍叢刊　命理類　神數系列

天中

運行辛卯前五年　事非災疾兩相連

演籌

云收霧散何日是　邓字五年才自安

此命八字前生定　父母必是屬伟人

方知令即是屬氣　父子衣录自然深

風彩

万物花開自芳香　暮景堂雁声鳴

生辰三月二十七　丹桂枝上子初成

運行壬辰交此運　丑年衣甲大不祥

別捌

若向才录並喜事　下五年栽才滿蒼

聰明俊伟志氣高　弓馬数内显英豪

運時

運至時来定入泮　一日榜上把各揚

系衣

冷露風寒深秋月
黃菊開放沼堂前

生來九月二十九
父恩母情兩團圓

安雷

五行注壽命不差
黃粱一夢臥黃沙

命逢定限五十歲
寒風吹散殘春花

打玉

運行丁酉災咎侵
災病口舌兩相尋

雨裡殘花風中燭
禳祭方可得安康寧

梆郎

命中八字前生定
父是屬虎一雄志

長子屬鬼是男兒
孝慈全尊家道事

統正

君家生辰在中秋
八月之內降其身

若問何日是生辰
初六生你在人間

玉維

妙手丹青染青紅　人間画匣可成功
一生衣录四方有　彩画圣像显神通

界限

竹簾不放燕飛無　老松鴬啼故宮枝
四月十五是生辰　子母多身荣華茬

出門

先天神數斷的真　你命生身甚艱茬
母親無衣將你賣　承奉他人作真含

啼耳

先天數定：的真　三母恩養最情真
兄弟五人多先后　一父養成可立身

丹青

辰時生人不堪名　合該重拜二爹外
父母生休他人养　方保終身免吉凶

主別

運行已亥才休貪　惹口招非是流連
再過三五行到亥　必須趂意覓才源

益交

癸巳運中主半吉　也主榮華也主災
心間不遂因癸字　己字五年趂心懷

陰旺

陰陽數籌得先知　抵觸父母無好語
籌来養生任意長　不服管拘任意為

道則

一時八刻不一般　弟兄二人手足情
兩父恩養已數定　富貴貧賤莫然天

禁処

暑徃寒来盼金風　蟬声不住挂枝鳴
生辰八月二十五　子毋分身得安寧

首甲

朔風凜冽交孟冬天　河水咸冰透骨涼

辰生十月初五日　淨听寒蛩夜月光

命中寿主可推詳　八字行来見太陽

影歌

空限若逢五十九　难保黃泉去路忙

命主千般手藝功　諸般菜品調味好

酒中遙席你能做　對子般中手段高

局賣

運行戊子痛灾殃　對才惹禍主傷連

君不祯荼誰能保　臨崖步馬浪中船

武手

運行己亥祸事緾　官事口舌道家间

己祥

雪上推霜三杆日　簷前冰凌浪中船

正刻上寿

執針　　嘗克　　羊刃　　作是　　乙別

生成双手天然巧　針綫裁縫苐一工

合時憨理新旧樣　主人喜俢贵人逢

数合八卦論命宫　兄弟三人一母生

丙父恳养分造化　富与贵来贫與穷

羊刃驾殺功名显　七殺有制将桂接

身入泮水不足羡　定欲揚名到人間

賣酒成家度中过　吃去不與不任錯

心想还要幹别事　思量終日人事多

甲午注定有灾星　破才不利有憂驚

徒间思量千般事　甲去午来显荣争

戊中　乙未運中主有防　破才不利有憂惶

　　　等交下五未中管　愁憂盡是福星揚

　　　八字原來不可差　父是屬虎母屬馬

宸火　父子相承恩光重　百福天录可成家

　　　父母生產喜正欣　喜氣長加百祿延

可賀　特当五月初九日　端陽節过已多半

　　　金風吹動雁南数　堂前丹桂送天香

酉貴　生辰八月初一日　父母年喜来荣昌

　　　天定数內不非輕　生在仲冬十一月

將奧　二十六日是生辰　后運必主大奧家

罵孔　焰光　妹孫　四爻　皇情

命中八字數有定　父是屬牛子屬龍

恩光父宮子全配　年主衣祿日主匜

瀁瀁兩露青松栗　浚々雲霞照日紅　正是九月初五生

雁過南樓聲嘹喨　子息宮中定屬羊

父是先天承恩數　百歲衣祿有餘粖

丙申大運這几年　火運逢之主不安

再等三五之年轉　申中更好茂才源

命到長生六十年　录馬相交浪滔天

录馬兩盡交空限　一桃黃梁到九泉

中
录

掛
身

說
是

酒
生

不
自

大運行宮到丁酉　口舌是非依舊有

若得吉神相助佑　丁去才得運入酉

先天數算定然真　已親骨肉言人語

一時答应言語惱　后來知好思故親

五行八字在命宮　父親原來屬羊生

子宮若是居猪相　世主榮華后代央

前生四相在命宮　父是居佈百年春

子宮若是居雞命　以门以后有声甫

先天定数数不差　母親早以赴黄沙

父親后刑無依靠　泪珠点二温衣衫

猿字
父是屬虎子屬猴　父子相承百福周
今生一世才承旺　晚景榮華過百秋

犬山
八字天生秀氣多　丹青妙手彩畫神
大山之下一大樹　才馬之上有是人

鎖海
我開酒鋪十分難　吃去數次不还本
人說酒中大有利　一担水来要也火

四南
命中八字要推尋　父命原来属相明
子息更得属蛇命　父慈子孝福自臻

梅越
八字生二命限宮　父是属虎有歲名
子宮若是狗年生　福祿重二晚年成

先計

極目園林苦向西　梧桐深処杜鵑啼
生辰六月二十二　終身傷来涉遇時

麦志

暮景堂前喜氣發　寒蛩悲柳白露加
此時生辰降你生　数定合二十八日

秋景

一二両露重傷景　黄菊開綻満園中
雁過南樓秋將暮　正是九月初九生
清風照月重陽景　录楊青山影日紅

已進

生辰九月初九日　湏听寒蛰后午鳴
朔風梅綻更上看　月正園時正清光

言牙

今冬正逢十一月　十五生人福自昌

正刻分

亜南　　相熀　　屏彰　　易秀　　不易

原来我体降辰日　　正逢獨月二十一
寒風飄々雪乱舞　　己育梅綻正芳菲
夫男一定是属竜　　微有帯破酰咸姻
若是此人才無破　　定主尅傷命難存
良人一定是属羊　　微有帯破寿主長
録葉生身皆前定　　若無帯破身難当
一樹花開八朶咸　　録楊分妻曉涛風
娜姝同年十一个　　喜憂流宮父母芳
数筭先天定的真　　坊父刑母尅子宮
孤身無有姐妹行　　婆毋扶養恩成人

桃花　我心　思謨

運行卯字主亨豐　　桃花二月顯声名

一舉成名天下曉　　十年苦讀不虛功

天元有定生你身　　五行八卦算的真

特正刻正方為美　　父是金命母水相

聖人留下萬命書　　后代可知命中言

向知雙親何納音　　父□土旺母水人

正刻分

双親

命中算你定吉祥　萬里風雲顯月光

父母同是水命旺　后代子孫發榮強

三十三歲主亨豐　二月桃花可爭榮

一舉成名天下曉　十年苦讀不虛名

杏苑

老天

五百年前早定旧　堆金積玉堂上夯

父是木相母是水　先天定旧百年夯

誰知

萬命皆是聖人定　五百年前早知情

敬知父母何生相　父居火相母水人